相続大増税時代・対策の決め手

相続対策で選ばれる不動産とは

株式会社PIM 編

著
久保嘉男
中央綜合税理士法人
株式会社中央綜合ビジネスコンサルティング

銀行研修社

はしがき

　ご質問させていただきます。

　「『自分の家庭でも、相続対策の準備が必要なのかな…？』と漫然と過ごしていませんか？」

　「『自分の家庭は、すでに相続税の節税対策済みである』…では！、争族対策も考慮された対策ですか？　大切な資産を減らすことのない対策ですか？」

　この質問は、効果的でバランスの良い相続対策を考えてゆく上での問題提起として捉えてください。

　2015年から実施された相続税改正により、相続税の基礎控除は4割引き下げられ、税率段階の細分化と最高税率も引き上げられました。

　これは、課税対象となる人の裾野を広げ、富裕層においてはより税率を高くという方向に軌道修正されたということになります。

　裾野が広がったという点では、相続税は億万長者が対象で自分は無縁だと思っていた人も気づいたら対象者だったというケースも増えてくるのではないでしょうか。

　例えば、相続人が3人だとしたら、従来であれば基礎控除が8,000万円であったものが、改正後は4,800万円に縮小しました。

　これは、従来は相続した財産が8,000万円を超えると相続税が発生したものが、改正後は4,800万円を超えると相続税が発生するということになります。

　さて、4,800万円という金額ですが、一般的な家庭でも自宅やコツコツ節約して貯めた預金等を全て合わせれば、全く届かない数字ではないのではないでしょうか。

1

改正後、日本全国では、亡くなられた被相続人約12人に1人、東京国税局管内では、8人に1人の割合で課税対象となっています。

　大変身近な問題として相続対策を考える時代が到来したと言えるでしょう。そして、資産家にとっては、納税負担増への不安が益々増しているのではないでしょうか。

　私は、「相続対策＝節税対策」であるとは思っていません。

　相続対策とは、計画的に相続税を節税し、遺産分割時の不幸な争いを防ぎ、相続対策後も資産形成を可能にすることであると思っています。

　そのためには、築いた資産を眠らせておくことなく有効に活用することが重要であると考えます。

　例えば、預金であれば元本保証です。ただし、現在利息はほとんどつきませんので運用で増やすことはほぼ不可能です。相続対策的には、眠っているものとほぼ同じ状態です。

　預金のまま眠らせておけば、相続発生時にはそのままの額で評価されて課税されることになります。何も対策をしなければ、元本保証でも「何も対策しなかった相続税分」が実質目減りすることになります。

　一方、不動産にカタチを変えた、次のような例もあります。最近まで、富裕層や資産家にとって、アパート建設やタワーマンションの購入が流行りの相続対策でした。確かに、相続税の減額という目的は達成されます。しかるに、遺産分割や収益性まで配慮した上での対策だったのでしょうか。

　結論を言えば、相続対策で不動産を活用することは、相続税評価額の減額を実現するためには効果的な方法と言えます。しかし、不動産の種類によって、特性が異なります。したがって、相続対策に適しているか否かはその特性によって決まってくるということになります。

はしがき

　本書は、相続対策において、築き上げた資産を有効に活用する方法は、「東京 23 区内のワンルームマンションの活用」であるとの結論でまとめたものです。

　第 1 章～第 2 章は、相続税の計算過程を交えながら、相続税に関する全体像や仕組みを理解していただく構成となっています。相続税改正前まで、相続税はかからないと安心されていた方には、興味を持っていただけるのではないでしょうか。

　なお、「相続税の仕組みはもう十分知っているので、具体的な相続対策の手法を知りたい」、「相続対策は不動産を活用したい」と思われている方は、第 3 章から読み進めていただければよいと思います。

　「相続対策でワンルームマンションが選ばれる理由」を、図表を多用しながら、ポイント重視でコンパクトにまとまるように心がけました。各種公的データ・資料やシミュレーション、不動産の種類別の比較などを参考に効率よく理解していただければ幸いです。

　さらに、私が執筆した本編に加え、巻末資料として中央綜合税理士法人・株式会社中央綜合ビジネスコンサルティングが取りまとめた税務用語の解説を掲載しています。併せてご活用ください。

2018 年 7 月

久保嘉男

目次

第1章　相続税改正で「何もしないリスク」が迫る

① **改正後の現状を知る**――――――――――――――――――――10

　（1）想定どおり相続税の課税対象者は増加した――――――――10

　（2）相続財産中の金融資産の構成比も増加している ―――――13

　（3）相続ならぬ争族も年々増加している ―――――――――14

② **相続税改正の目的と影響の大きい改正内容とは**――――――16

　（1）2013年度税制改正の経緯と目的――――――――――――16

　（2）相続税の基礎控除額は4割も縮小した ――――――――19

　（3）相続税・贈与税の税率構造の見直しとは ――――――――21

③ **二次相続時が従来にも増して負担となる影響**――――――23

第2章　相続税の仕組みを知り早期節税対策が決め手となる

① **相続税の対象となる財産と税計算の全体像を知る**――――26

　（1）相続税の対象となる財産とは ――――――――――――26

　（2）相続税がかからない財産とは ――――――――――――28

　（3）財産はどのように評価されるのか ―――――――――29

　（4）相続税の計算の全体像 ―――――――――――――――31

　（5）相続手続きの手順と期限 ――――――――――――――32

② **身近な非課税・控除枠を活用した節税スキーム**――――34

　（1）毎年110万円以内の範囲での生前贈与 ――――――――34

　（2）タイミングが合えば住宅取得等資金の贈与税の非課税を利用

　　　――――――――――――――――――――――――――35

　（3）おしどり贈与で相続財産を減らす ―――――――――38

　（4）教育資金の一括贈与 ――――――――――――――――39

4

目次

（5）生命保険を利用した相続税の節税対策 —————— 41

③ 「貸家事業」が節税を最大限発揮する —————— 42

（1）「貸家事業」が相続対策に有効である評価の方法とは ——— 42

①建物の権利に応じた評価方法

②土地の権利に応じた評価方法

（2）「貸家事業」の節税効果をシミュレーションで検証 ——— 47

①何もしないで金融資産のままだったら

②金融資産で戸建てを購入したら

③金融資産で賃貸用戸建てを購入したら

④金融資産で賃貸用マンションを購入したら

（3）「小規模宅地等の特例」でさらなる評価減が可能に ——— 60

第3章 相続対策で活用するなら
東京 23 区内のワンルームマンションである

① 活用すべき不動産は何か？
「相続対策で必要な資産特性」で比較考察する ———— 66

（1）「相続対策で必要な資産特性」とは ———————— 66

（2）アパートは相続対策の一大主流だった ———————— 67

①供給過剰のアパート

②借入イコール相続対策とはならない

③家賃保証額があるから安心ではない

④木造より RC 構造（鉄筋コンクリート造）

（3）資産家に人気を博したタワーマンション ———— 71

（4）1棟マンション ————————————————— 73

（5）ファミリー向けマンション ————————————— 74

（6）区分所有オフィス ————————————————— 75

5

（7）ニューフェイスな任意組合型不動産小口証券化商品 ————75

② なぜ東京なのか、空室リスクに耐える理由とは ————76

（1）東京の人口と単身世帯数の増加 ————76

（2）首都圏インフラ整備 ————80

（3）東京の特区 ————83

①「都市計画法等の特例」・「建築基準法の特例」

②「旅館業法の特例」

（4）大学や企業の一極集中 ————87

（5）留学生30万人計画と外国人留学生の増加 ————90

（6）ワンルームマンション規制 ————92

（7）「東京23区内だから」だけでよいわけではない、
重視するべきは立地条件 ————93

③ "検証" 本当に東京23区内の
ワンルームマンションでよいのか ————94

（1）実質利益はプラスとなるのか ————94

①マンション築年数㎡単価推移及び下落率

②マンション築年数㎡当り賃料推移及び下落率

③実質利益シミュレーション

（2）もしもリーマンショック級の下落要因が発生したら ————99

①リーマンショック後の価格下落影響率

②リーマンショック以降、2016年に至る家賃下落率

③リーマンショック級のマイナス要因を加味したらどうなるのか

（3）火災や地震が起きたらどうなるのか ———— 103

（4）意外と多い敬遠する理由 "クレーム等賃貸管理の心配" ———— 104

目次

第4章 「相続時精算課税制度」と「ワンルームマンション」が
超速で360°の相続対策を可能にする！

① 相続時精算課税制度とは——————————————— 106

② 多額の贈与を可能とし、争族をも回避し、
納税資金の確保も可能にする——————————— 110

①何もしないで金融資産のままだったら

②金融資産で賃貸用ワンルームマンションを購入し相続したら

③賃貸用ワンルームマンションを購入し相続時精算課税による生前贈
与で名札を付ける

第5章 「行き過ぎた」節税対策はご法度

① 著しく不適当と国税庁が判断すれば否認されるリスク——— 120

② 事例に学ぶ——————————————————— 121

第6章 ワンルームマンションへの組み替えで
裾野が広がる相続対策

① 生き方次第でハイブリッド活用も—————————— 126

② アパートからワンルームマンションに進化させる————— 127

③ 最後にまとめとして—————————————————— 129

おわりに ——————————————————————— 133
巻末資料 ——————————————————————— 135

第1章

相続税改正で「何もしないリスク」が迫る

① 改正後の現状を知る

（1）想定どおり相続税の課税対象者は増加した

　相続税は大変身近な問題となってきました。資産家だけでなくサラリーマンについても全く関係ないといった時代ではなくなったのです。

　その背景には、相続税改正により課税対象者が広範囲に及び急増していることにあります。

　この影響の大きい今回の改正は、2013年度税制改正によって決定し、2015年1月1日から実施されました（本書は、2018年4月現在の相続税法に基づいています）。

　国税庁は、相続税の申告状況を毎年発表しています。そこで、改正後の最初のデータである2015年分の相続税の申告状況を見てゆくことで、改正によって大きく変化した現状を把握することができます。

　2015年中に亡くなられた方（被相続人数）は約129万人（2014年約127万人）でした。このうち、相続税の課税対象となった被相続人数は、約10万3千人（2014年約5万6千人）となり、2014年より約2倍弱の急増となりました。

　また、課税割合（亡くなられた方の人数に対する課税件数の割合）は、8.0％（2014年4.4％）となり、同様に2倍弱の3.6ポイントも増加しました（図表1、2参照）。

　さらにエリアを絞って、東京都を中心とした地域を管轄する、東京国税局のデータを見てみます。課税割合は、12.7％（2014年7.5％）となっており、2014年より5.2ポイントの急増となりました。要するに、亡くなられ

10

第1章　相続税改正で「何もしないリスク」が迫る

図表1　被相続人数の推移

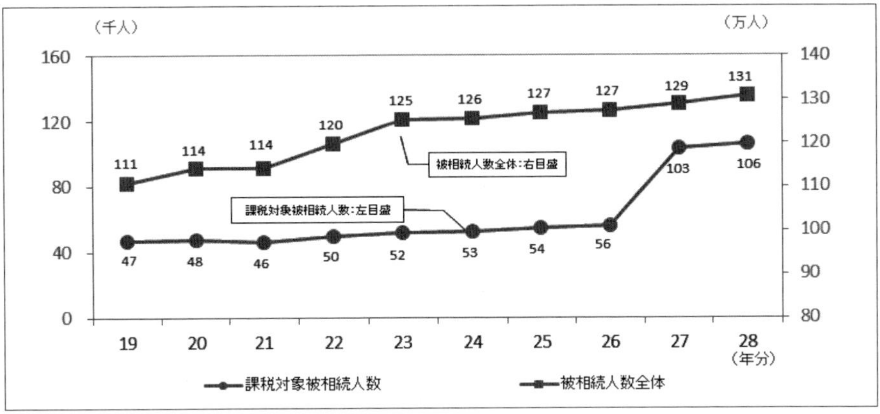

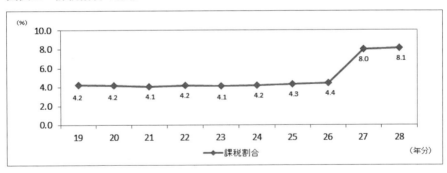

出所：国税庁ホームページ

図表2　課税割合の推移

出所：国税庁ホームページ

た方の約8人に1人の割合で、課税対象になったことになります（図表3、4参照）。

　ともすると、相続税改正があると耳にしてはいたものの、無縁と思い込み、気にもしていなかったら課税対象者だったというケースも増えてくるのではないでしょうか。

11

図表3　被相続人数の推移（東京国税局管轄）

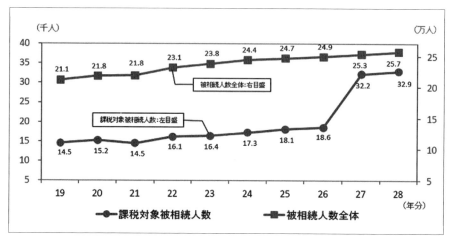

出所：国税庁ホームページ

図表4　課税割合の推移（東京国税局管轄）

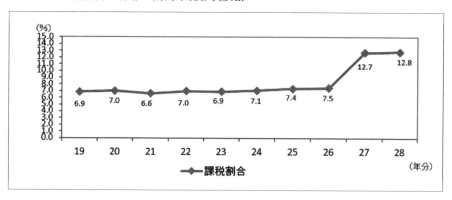

出所：国税庁ホームページ

　なお、国税庁より2017年12月に2016年分の相続税の申告状況が発表されました。課税割合は8.1％（東京国税局管内では12.8％）と2015年分の8.0％（東京国税局管内では12.7％）に比し微増にとどまりましたが、改正

第1章 相続税改正で「何もしないリスク」が迫る

による影響のベクトルは当然変わっていないということになります。

(2) 相続財産中の金融資産の構成比も増加している

次に、2015年分の相続財産の金額の構成比を見てみます。土地38.0％（2014年：41.5％）、家屋5.3％（2014年：5.4％）、現金・預貯金等30.7％（2014年：26.6％）、有価証券14.9％（2014年：15.3％）となりました（図表5参照）。

構成比の推移で見ると、現金・預貯金等の割合が徐々に増加傾向、土地の割合が減少傾向であることが分かります。

そして、2015年分では、その傾向が特に顕著となりました。この要因は、

図表5　相続財産の金額の構成比の推移

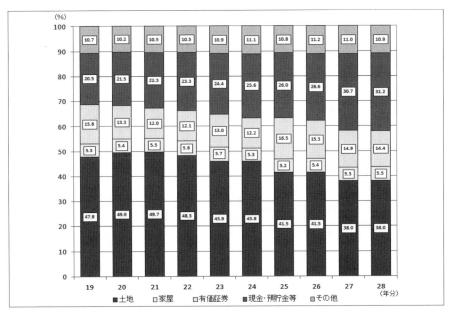

出所：国税庁ホームページ

相続税改正で、不動産の比率が総じて高くない一般的な家庭にまで、課税対象者の裾野が広がった影響であると思われます。

　なお、直近のデータである 2016 年分では、土地 38.0％、家屋 5.5％、現金・預貯金等 31.2％、有価証券 14.4％となり、2015 年分に比しほとんど変動は見られませんが、現金・預貯金等の割合の増加傾向に変化はありませんでした。

（３）相続ならぬ争族も年々増加している

　往々に、「相続対策とは、節税対策である」と思われる方もいらっしゃるのではないでしょうか。しかし、絶対に忘れていけないことは、将来相続人同士が争うことがない仕組みを、相続対策に織り込んでおくことが重要です。ちなみに、相続人同士が遺産を巡って争う「ソウゾク」は、「相続」ではなく「争族」という字に当てて、「争族対策」と呼ばれています。

　相続税改正と直接関係はありませんが、個人の権利意識の高まりや、相続する財産の不平等感から、遺産分割事件は年々増加傾向にあります。「司法統計年報３家事編」で確認することができます（図表６参照）。

　さらに、遺産の価格別事件件数（図表７参照）を見ると、遺産額の大小にかかわらず発生していることが分かります。注目すべきは、遺産の価格が 1,000 万円以下のラインで、基礎控除内に収まり課税されない場合でも、相当数発生している現実があることです。

　このようなデータを見れば、「遺産が多額ではないので、争族対策は不要である」と思ってはいけないということです。もちろん、遺産が多い人は、言わずもがなということになります。

　将来、家族内でいがみあったり、ねたみあったりといった状況に陥らないように、「争族対策」を考慮した「相続対策」を行うことが重要となります。

第1章 相続税改正で「何もしないリスク」が迫る

図表6　家庭裁判所　遺産分割事件数

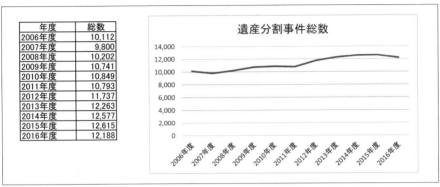

年度	総数
2006年度	10,112
2007年度	9,800
2008年度	10,202
2009年度	10,741
2010年度	10,849
2011年度	10,793
2012年度	11,737
2013年度	12,263
2014年度	12,577
2015年度	12,615
2016年度	12,188

出所：裁判所ホームページ司法統計「司法統計年報3家事編」より作成

図表7　平成28年度　司法統計年報3家事編

第53表　遺産分割事件のうち認容・調停成立件数―審理期間別代理人弁護士の関与の有無及び遺産の価額別―全家庭裁判所

代理人弁護士の関与 遺産の価額	総数	1月以内	3月以内	6月以内	1年以内	2年以内	3年以内	3年を超える
総　　　数	7 546	68	654	1 634	2 451	1 989	523	227
1000万円以下	2 500	31	315	731	845	467	87	24
5000万円以下	3 192	30	259	659	1 091	877	210	66
1億円以下	917	3	35	123	266	331	111	48
5億円以下	539	1	25	47	115	178	93	80
5億円を超える	42	-	-	5	5	14	11	7
算定不能・不詳	356	3	20	69	129	122	11	2
有	6 028	52	371	1 137	2 015	1 757	489	207
1000万円以下	1 790	23	161	469	655	383	80	19
5000万円以下	2 596	24	152	485	900	780	192	63

出所：裁判所ホームページ　司法統計より作成

② 相続税改正の目的と影響の大きい改正内容とは

（1） 2013 年度税制改正の経緯と目的

　　相続税の基礎控除は、バブル期の地価急騰による相続財産の価格上昇に対応した負担調整を行うために引き上げられてきました。

　　しかしながら、その後、地価は下落を続けているにもかかわらず、基礎控除の水準は据え置かれてきました。また、最高税率の引下げを含む税率構造の緩和も行われてきた結果、相続税の再分配機能が低下していました。

　　そこで、相続税の再分配機能を回復し、格差の固定化を防止する必要があるとの基本的な考え方の下に、平成 23 年 1 月に相続税の基礎控除の引下げと最高税率の引上げを含む税率構造の見直し等が盛り込まれた税制改正法案が国会提出されました。

　　しかし、国会での審議の結果、これらの見直しについては見送られることとなり、その後の平成 24 年度税制改正大綱においては、相続税の見直しについては、『税制抜本改革における実現を目指します』とされることとなりました。

　　そして、平成 24 年 3 月に『社会保障の安定財源の確保等を図る税制の抜本的な改革を行うための消費税法等の一部を改正する等の法律案』（税制抜本改革法案）が国会に提出されました。

　　その中で、同様の改正内容が盛り込まれることとなりましたが、同年 6 月の国会等の審議や与野党による協議に基づき、相続税等の見直

第1章　相続税改正で「何もしないリスク」が迫る

し部分は法案から削除されましたが、『資産課税については、格差の固定化の防止、老後における扶養の社会化の進展への対処等の観点からの相続税の課税ベース、税率構造等の見直し及び高齢者が保有する資産の若年世代への早期移転を促し、消費拡大を通じた経済活性化を図る観点からの贈与税の見直しについて検討を加え、その結果に基づき、平成 24 年度中に必要な法制上の措置を講ずる。』との規定が盛り込まれることとなりました。

　こうした一連の経過を経た上で、平成 25 年度税制改正においては、小規模宅地等の特例の見直し等の一定の措置を講じた上で、改めて相続税の基礎控除の引下げと最高税率の引上げを含む税率構造の見直し、資産の世代間の移転を促すための贈与税の見直し等が改正内容に盛り込まれました。

　以上が、「財務省　平成 25 年度税制改正の解説　相続税法の改正」からの抜粋となりますが、改正直近の経緯となります。

　改正の経緯からも分かるように直接的な改正理由としては、相続税の課税割合と税収額が大きく低下していたことです。

　図表 8 のとおり、相続税の課税割合は、1987 年の 7.9％をピークに、その後は徐々に低下し続けました。そして、2010 年に至っては、約半分の 4.2％にまで低下しました。

　同様に相続税収額も、1993 年の 2 兆 9,377 億円をピークに、徐々に低下し続けました。そして、2013 年に至っては、約半分の 1 兆 4,950 億円にまで低下しました。

　要するに、約 20 ～ 30 年の間に、相続税の課税対象者も納税額も半減していたことになります。

17

図表８　相続税の課税割合、負担割合及び税収の推移

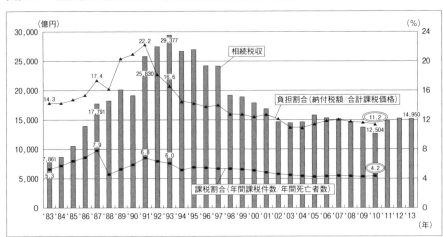

出所：財務省ホームページ「平成25年度相続税法の改正」より作成

　このようになった要因を理解するため、公示地価の推移と、相続税の基礎控除額の推移を比較して見ます。

　図表９のとおり、公示地価（全国・全用途）の推移を見ますと、1991年の199.3（1983年を100とした指数）をピークに、その後は徐々に低下し続けました。そして、2013年に至っては、半分以下の83.3％にまで低下しました。

　しかし、相続税の基礎控除額の推移を見ますと、1991年は、「4,000万円＋800万円×法定相続人の数（巻末資料・注１参照）」でしたが、その後２回の改正を経て、「5,000万円＋1,000万円×法定相続人の数」に段階を踏んでアップしました。

　つまり、地価は半分以下に低下したにもかかわらず、基礎控除額は反対に上昇したままの状態になっていました。また、税率構造も緩和された状態のままでした。その結果、相続税の課税対象者も納税額も半減してしま

第1章 相続税改正で「何もしないリスク」が迫る

図表9　地価公示価格指数と相続税の基礎控除額の推移

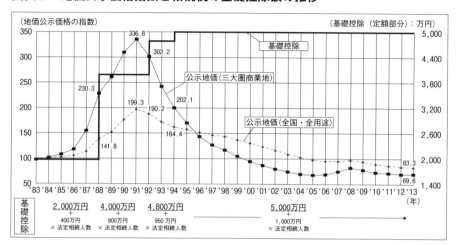

出所：財務省ホームページ「平成25年度相続税法の改正」より作成

いました。

　そこで、基礎控除額を引き下げ、税率構造等の見直しを行うことが必要とされました。このように、現在の水準に合わせ、あるべき状態に戻すことが相続税改正の目的であると言えます。

　また、高齢者が保有する資産の若年世代への早期移転を促し、消費拡大を通じた経済活性化を図ることも改正目的の一つです。そのため、贈与に関わる様々な特例の新設や見直しがされました。

（2）相続税の基礎控除額は4割も縮小した

　相続税の基礎控除とは、相続財産のうち一定の金額までを非課税とする制度です。よって、相続財産の評価額が基礎控除額を超えると相続税が発生します。

相続税改正で基礎控除額が引き下げられ基礎控除額が4割縮小されました。このため、改正前までは、基礎控除額が相続財産の評価額を上回り、課税対象とならないと思われていた方も課税される可能性が出てきました。

改正前は「5,000万円 + 1,000万円×法定相続人の数」でしたが、「3,000万円 + 600万円×法定相続人の数」に縮小されました（図表10参照）。

例えば、夫が亡くなり法定相続人が妻と子供2人の場合、改正前であれば5,000万円 + 1,000万円×3人（法定相続人の数）で8,000万円が基礎控除額であったものが、改正後は3,000万円 + 600万円×3人（法定相続人の数）で4,800万円が基礎控除額となり、大幅な基礎控除額の縮小であることを確認いただけると思います（図表11参照）。

図表10　相続税の基礎控除額の縮小

出所：中央綜合税理士法人／株式会社中央綜合ビジネスコンサルティング

図表11　遺産に係る基礎控除額の早見表

法定相続人の数	0人	1人	2人	3人	4人	5人
2014年12月31日までの相続・遺贈	5,000万円	6,000万円	7,000万円	8,000万円	9,000万円	10,000万円

法定相続人の数	0人	1人	2人	3人	4人	5人
2015年1月1日以後の相続・遺贈	3,000万円	3,600万円	4,200万円	4,800万円	5,400万円	6,000万円

出所：中央綜合税理士法人／株式会社中央綜合ビジネスコンサルティング

第1章　相続税改正で「何もしないリスク」が迫る

（3）相続税・贈与税の税率構造の見直しとは

　法定相続分に応じる各相続人の取得金額に対する相続税の最高税率は、50％から55％に引き上げられました。また、税率段階は6段階から8段階に変更されました。これにより、取得金額が2億円超となる場合は、改正前より税率が上昇しました（図表12参照）。

　また、相続税率の見直しと共に、相続時精算課税制度以外の贈与税率は、50％から55％に最高税率が引き上げられました。また、税率段階は6段階から8段階に変更されました（図表13参照）。

図表12　相続税の早見表

相続税の早見表（改正前）		
法定相続分に応じる各人の取得金額	税率	控除額
1,000万円以下	10%	—
3,000万円以下	15%	50万円
5,000万円以下	20%	200万円
1億円以下	30%	700万円
1億円超2億円以下	40%	1,700万円
2億円超3億円以下		
3億円超6億円以下	50%	4,700万円
6億円超		

相続税の早見表（改正後）		
法定相続分に応じる各人の取得金額	税率	控除額
1,000万円以下	10%	—
3,000万円以下	15%	50万円
5,000万円以下	20%	200万円
1億円以下	30%	700万円
1億円超2億円以下	40%	1,700万円
2億円超3億円以下	45%	2,700万円
3億円超6億円以下	50%	4,200万円
6億円超	55%	7,200万円

出所：中央綜合税理士法人／株式会社中央綜合ビジネスコンサルティング

図表13　贈与税の税率構造

税率	課税価格	
	改正前	改正後
10%	200万円以下の部分	200万円以下の部分
15%	300万円　〃	300万円　〃
20%	400万円　〃	400万円　〃
30%	600万円　〃	600万円　〃
40%	1,000万円　〃	1,000万円　〃
45%	—	1,500万円　〃
50%	1,000万円超の部分	3,000万円　〃
55%	—	3,000万円超の部分

しかしながら、図表14のとおり、20歳以上の者（子・孫など）が直系尊属（祖父母や父母など）から贈与を受けた場合に適用できる特例税率が新設されました。

この特例税率により、贈与税については、基礎控除後300万円超4,500万円以下の部分の税率が、一般税率（図表15参照）に比べ緩和されました。

相続税は、基礎控除額の縮小の影響により、資産家だけでなくサラリーマンにとっても全く関係ないといった時代ではなくなりました。気がついたら課税対象だったということも起こりえます。

そうならないためにも、早めに総資産を洗い出し、課税対象に該当するか否かを知ることが最初の一歩です。課税対象となるならば、相続税の概算額を把握しておく等の事前チェックが必要です。そして、自分の家庭に適した相続対策を検討することが重要です。

なぜなら、相続税改正で身近な問題となった今、気がついたら課税対象だったという「何もしないリスク」が迫っているからです。

図表14　20歳以上の者（子・孫など）が直系尊属（祖父母や父母など）から贈与を受けた場合

基礎控除後の課税価格	200万円以下	400万円以下	600万円以下	1,000万円以下	1,500万円以下	3,000万円以下	4,500万円以下	4,500万円超
税率	10%	15%	20%	30%	40%	45%	50%	55%
控除額	-	10万円	30万円	90万円	190万円	265万円	415万円	640万円

図表15　兄弟間の贈与、夫婦間の贈与、親から子への贈与で子が未成年者の場合

基礎控除後の課税価格	200万円以下	300万円以下	400万円以下	600万円以下	1,000万円以下	1,500万円以下	3,000万円以下	3,000万円超
税率	10%	15%	20%	30%	40%	45%	50%	55%
控除額	-	10万円	25万円	65万円	125万円	175万円	250万円	400万円

第1章　相続税改正で「何もしないリスク」が迫る

 二次相続時が従来にも増して負担となる影響

　基礎控除額が4割縮小された影響で、従来にも増して一次相続時より二次相続時の負担が増すこととなります。また、最高税率が引き上げられたことで、さらに負担増となるケースも起こりえます。

　例えば、一般的に夫が先に亡くなる場合が多く、夫から配偶者や子へと相続が発生します。これを、一次相続と呼びます。

　この一次相続のときは、法定相続人の人数はまだ多い段階です。そして、税額控除1億6,000万円までの配偶者の税額軽減（巻末資料・注2参照）や、自宅の土地の評価が80％減となる小規模宅地等の特例の適用（巻末資料・注3参照）を受けた場合、最大限に相続税を少なく済ませることが可能となります。

　その後、配偶者が亡くなった場合、子だけの相続が発生します。これを、二次相続と呼びます。

　この段階では、法定相続人の人数が減っていますので基礎控除額が減少しており、配偶者の税額軽減もありません。しかも、自宅を受け取る子が親と別居していた場合は、小規模宅地等の特例は原則として適用されません。これらが、例え相続財産が同額であったとしても、一次相続より二次相続の相続税の負担が重くなる理由です。

　一次相続時に、母親に全ての財産を集中させ、配偶者の税額軽減を最大限に活用することが可能です。しかし、二次相続時の負担増を考慮すれば、一次相続時に子供にある程度の税負担をさせることで、トータルでの節税を考えることも必要です。

　二次相続時が従来にも増して負担となる今、一次相続時に二次相続時を視野に入れた対策の重要性が増していると言えます。

23

第 2 章

相続税の仕組みを知り
早期節税対策が
決め手となる

① 相続税の対象となる財産と税計算の全体像を知る

（1）相続税の対象となる財産とは

　相続対策を考えるにあたって、相続税に関わる財産の種類や相続税の計算方法などおおまかな全体の仕組みを知っておく必要があります。

　まずは、相続税を知る上でのスタートとして、課税対象となる財産とはどんなものがあるのか確認してみることとします。

　相続税は原則として、死亡した人の財産を相続や遺贈によって取得した場合に、その取得した財産にかかります。この場合の財産とは、現金、預貯金、有価証券、宝石、土地、家屋などのほか貸付金、特許権、著作権など金銭に見積もることができる経済的価値のあるすべてのものをいいます。

　なお、次に掲げる財産も相続税の課税対象となります。

---

　① 相続や遺贈によって取得したものとみなされる財産

　死亡退職金、被相続人が保険料を負担していた生命保険契約の死亡保険金などが、これに相当します。このように相続財産ではないが、相続財産としてみなされる財産を『みなし相続財産』といいます

　② 被相続人から死亡前３年以内に贈与（巻末資料・注４参照）により取得した財産

　相続や遺贈で財産を取得した人が、被相続人の死亡前３年以内に被相続人から財産の贈与を受けている場合には、原則としてその財産の贈与された時の価額を相続財産の価額に加算します。

第2章　相続税の仕組みを知り早期節税対策が決め手となる

③　相続時精算課税（巻末資料・注5参照）の適用を受ける贈与財産
　被相続人から、生前、相続時精算課税の適用を受ける財産を贈与により取得した場合には、その贈与財産の価額（贈与時の価額）を相続財産の価額に加算します。

　以上は、国税庁タックスアンサー NO.4105「相続税がかかる財産」からの抜粋（巻末資料への言及部分は筆者が追加）となります。
　なお、借入金などの債務に対する相続税は控除が認められていますが、控除する旨を申告しなければ、相続税は課税されますので注意が必要です。
　また、葬式費用は債務ではありませんが、相続税を計算するときは財産から控除が認められています（図表16参照）。

図表16　財産から控除が認められているもの

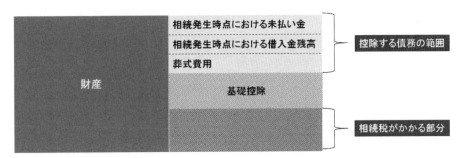

出所：中央綜合税理士法人／株式会社中央綜合ビジネスコンサルティング

（2）相続税がかからない財産とは

　次に、相続税に関わる財産の種類で、相続税がかからない財産とはどんなものがあるのか確認すると以下のとおりとなります。

---

①　墓地や墓石、仏壇、仏具、神を祭る道具など日常礼拝している物

　ただし、骨とう的価値があるなど投資の対象となるものや商品として所有しているものは相続税がかかります。

②　宗教、慈善、学術、その他公益を目的とする事業を行う一定の個人などが相続や遺贈によって取得した財産で公益を目的とする事業に使われることが確実なもの

③　地方公共団体の条例によって、精神や身体に障害のある人またはその人を扶養する人が取得する心身障害者共済制度に基づいて支給される給付金を受ける権利

④　相続によって取得したとみなされる生命保険金のうち 500 万円に法定相続人の数を掛けた金額までの部分

⑤　相続や遺贈によってもらったとみなされる退職手当金等のうち 500 万円に法定相続人の数を掛けた金額までの部分

⑥　個人で経営している幼稚園の事業に使われていた財産で一定の要件を満たすもの

　なお、相続人のいずれかが引き続きその幼稚園を経営することが条件となります。

⑦　相続や遺贈によって取得した財産で相続税の申告期限までに国または地方公共団体や公益を目的とする事業を行う特定の法人に寄附したもの、あるいは、相続や遺贈によってもらった金銭で、相続税

第2章　相続税の仕組みを知り早期節税対策が決め手となる

図表17　相続税がかかる相続財産・相続税がかからない財産

相続税がかかる財産			相続税がかからない財産
種類	細目	財産の例示、利用区分等	墓地、墓石、仏壇、仏具など
土地	宅地	自用地、貸付地、貸家建付地、借地権	その他
建物	家屋、構築物	家屋、構築物	死亡保険金（500万円×法定相続人の金額まで）死亡退職金（500万円×法定相続人の金額まで）等・・・
有価証券	株式出資	上場株式、自社株式、出資金	
現金、預貯金	預貯金等	普通預金、当座預金、定期預金、通帳預金、定額貯金、定期積金、金銭信託など	

出所：中央綜合税理士法人／株式会社中央綜合ビジネスコンサルティング

> の申告期限までに特定の公益信託の信託財産とするために支出したもの

　以上は、国税庁タックスアンサー　No.4108「相続税がかからない財産」からの抜粋となります。

　相続税がかかる相続財産・相続税がかからない財産をまとめると図表17のようになります。

（3）財産はどのように評価されるのか

　相続対策を講じる上で、ヒントとなるのが相続財産の評価方法となるわけですが、相続税法では、相続の開始の時の「時価による」旨だけが規定されています。

　したがって、実務上の具体的な評価方法は、「財産評価基本通達」の定めによって評価することとされています。

29

相続税計算における主な財産の評価方法は図表18のとおりとなります。このうち、建物・宅地の評価方法は、固定資産評価額や路線価をベースに評価されます。しかし、他の財産は、ほぼ額面そのままに時価として評価されます。

本章③で詳しく説明しますが、この評価方法が相続税の負担を軽減することにつながるということになります。

また、第1章①（2）で、相続財産中の金融資産の割合が増加しているとして、データを交えてご紹介しました。例えば、相続財産のうち金融資産が大部分を占めているような場合には、何もしなければ相続税の評価額はそのままということになり、相続税額は相応の大きさになる可能性があります。

図表18　財産の評価方法

財産の種類	評価		評価
預貯金	普通預金	相続発生時の通帳の残高	↑ 下がりにくい
	定期預金・定額貯金	相続発生時の元金＋解約した場合の利息	
上場株式	相続発生時における1株あたり株価×株数		
建物	相続発生年度における固定資産税評価額		
宅地	1.　路線価方式	相続発生年度の路線価※×宅地の面積	
	2.　倍率方式	相続発生年度の固定資産税評価額×倍率	↓ 下がりやすい

※ 道路に面する1㎡あたりの価格

出所：中央綜合税理士法人／株式会社中央綜合ビジネスコンサルティング

第2章　相続税の仕組みを知り早期節税対策が決め手となる

（4）相続税の計算の全体像

　相続対策を講じるためには、相続税の計算の仕方を把握することが重要となります。計算の流れは以下①〜⑤のとおりとなります。また、図示すると図表19のとおりとなります。

　①各財産を評価し合計します。ただし、借入金等の債務がある場合には控除します。さらに、死亡保険金や死亡退職金がある場合には、非課税枠（500万円×法定相続人の数）を控除します。なお、非課税枠を上回った部分は、相続財産となります。

図表19　相続税の計算の流れ

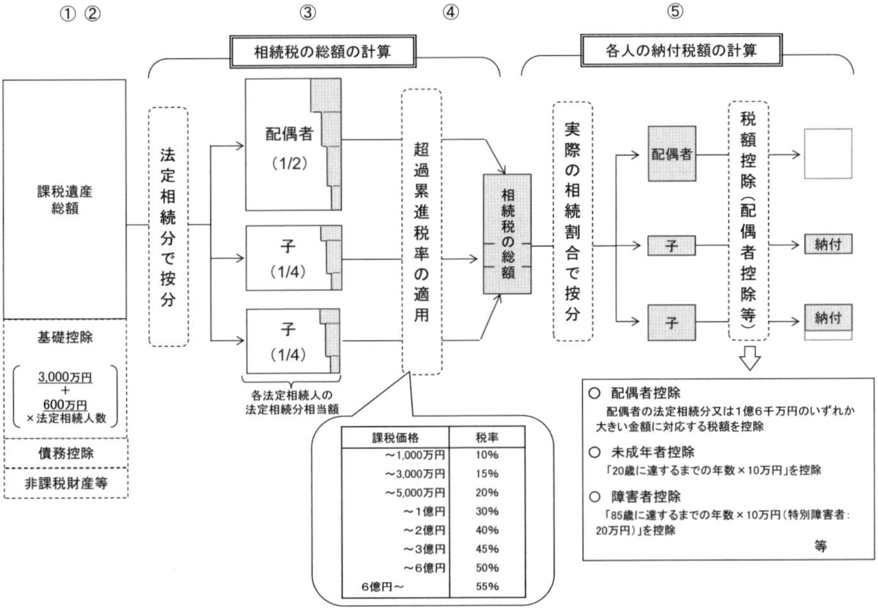

出所：財務省ホームページより作成

31

② ①の相続財産から、相続税の基礎控除額を控除し、課税遺産総額を算出します。

③ ②の課税遺産総額を、民法に定められた法定相続分により遺産が分割されたと仮定して、按分します。

④ ③の各人の按分した財産額に税率を掛け合わせ、それを合計して相続税の総額を計算します。

⑤ ④の相続税の総額を、実際の相続割合により按分して、各相続人の相続税額を計算します。さらに、各人ごとの税額控除（配偶者の税額軽減、未成年者控除、障害者控除等）額を控除し、相続税納付額を計算します。

この相続税計算過程を見れば、課税遺産総額を適正に圧縮（巻末資料・注6参照）することが、相続税の負担の軽減につながるということになります。具体的には、固定資産評価額や路線価をベースに評価される不動産を活用すれば、課税遺産総額を圧縮することが可能となります。

なお、配偶者の税額軽減は、配偶者の法定相続分または1億6,000万円のいずれか大きい金額まで相続税がかからないので、一次相続ではかなり大きな額まで相続税の減額することができます。

だからということで、配偶者に財産を集中させれば相続税の負担は大幅に下がりますが、配偶者の税額軽減がなくなる二次相続のことも視野に入れた運用を考える必要があります。

（5）相続手続きの手順と期限

相続対策とは直接関係ありませんが、相続開始後期限内に定められた手続きを、1日でも過ぎてしまうと手続きが認められないこともあります。そうならないためにも、手順と期限の全体の流れをおおまかに把握しておく必要があります。

第2章　相続税の仕組みを知り早期節税対策が決め手となる

　図表20のとおり、死亡の手続きから始まって、様々な手順と期限が民法や相続税法などに定められています。なかでも、各手続きの期限を押さえておくことが重要となります。

　本節では、相続税の対象となる財産等や相続税計算の全体像を確認しました。その上で、固定資産評価額や路線価をベースに評価される不動産を活用して、課税遺産総額を圧縮することが、相続税の減額につながるというヒントを得ることができました。

　不動産を活用した相続対策が本書のテーマですが、まずは知っておきたい様々な非課税・控除枠を活用した節税スキームがありますのでご紹介してゆきたいと思います。

　ある程度の相続財産で有れば、不動産を活用せずとも節税は可能ですし、不動産の活用と合わせて利用することもできます。

図表20　相続手続きの手順と期限

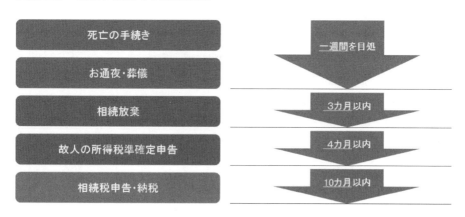

出所：中央綜合税理士法人／株式会社中央綜合ビジネスコンサルティング

身近な非課税・控除枠を活用した節税スキーム

(1) 毎年 110 万円以内の範囲での生前贈与

　最もポピュラーな手法が、毎年 110 万円以内の範囲で生前贈与を行うことです。これは、年間 110 万円以内であれば、贈与税がかからない基礎控除枠を利用する手法です。

　子や孫に毎年 110 万円以内の生前贈与をすることで、無税で資産を移転することができます（図表 21 参照）。

　例えば、毎年 110 万円を子 2 人に実施した場合、1 年間で 220 万円の資産を無税で移転することができます。つまり、10 年やれば 2,200 万円、20

図表 21　贈与税の基礎控除

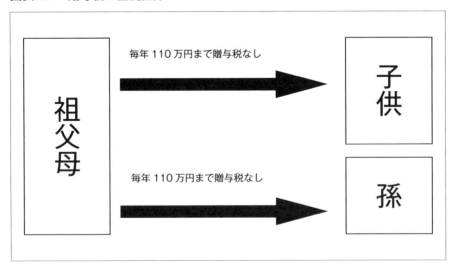

第2章　相続税の仕組みを知り早期節税対策が決め手となる

年やれば4,400万円となります。

　したがって、早期に実施し、10年〜20年の期間を設けることが、節税効果を高めることになります。

　なお、改正で、最高税率が50％から55％に引き上げられましたが、直系尊属（父母、祖父母）からの贈与については税負担を軽減する特例税率が新設されました。そこで、負担にならない程度ならば、110万円の基礎控除枠を超えて贈与（巻末資料・注7参照）することも考えてもよいのではないでしょうか。

　贈与を実施する際の留意点は、贈与契約書を贈与の都度作成しておくことです。そうしておけば、贈与者・受贈者それぞれの意思確認や贈与の事実を証明できます。

　また、贈与金が振り込まれた預金口座の通帳や印鑑は、受贈者本人が保管することです。なお、祖父母から幼い孫に贈与をした場合は、親権者である親が受贈者に代わって管理する必要があります。

　注意点として、被相続人から死亡前3年以内に贈与により取得した財産は、贈与された時の価額で相続税の価格に加算されます。したがって、亡くなる前に急ぎ相続人に贈与を実施したとしても節税効果はありません。

（2）タイミングが合えば 住宅取得等資金の贈与税の非課税を利用

「住宅取得等資金の贈与税の非課税」とは、父母や祖父母などからの贈与により、自己の居住の用に供する住宅用の家屋の新築、取得または増改築等（「新築等」）の対価に充てるための金銭を取得した場合、「一定の要件」を満たすとき限度額までの金額を非課税とする特例です。子や孫が家を建てる予定があれば、是非とも利用したい特例であるといえます。

　なお、特例の適用によって控除される非課税限度額は、その契約が締結

35

された日付によって決まっています（図表22参照）。

　例えば、住宅用家屋の取得等に係る契約の締結日が、2016年1月1日〜2020年3月31日の場合で、消費税8％なら、省エネ等住宅では1,200万円・左記以外の住宅では700万円が非課税となります。

　この特例が適用されるための「一定の要件」には、「受贈者の要件」と「住宅用の家屋の新築、取得または増改築等の要件」があります。ここでは、「受贈者の要件」のみご紹介します。

　国税庁タックスアンサーNo.4508「直系尊属から住宅取得等資金の贈与を受けた場合の非課税」からの抜粋となります。

図表22　住宅取得等資金の贈与税の非課税限度額

イ　下記ロ以外の場合

住宅用家屋の取得等に係る契約の締結日	省エネ等住宅	左記以外の住宅
～2015年12月31日	1,500万円	1,000万円
2016年1月1日～2020年3月31日	1,200万円	700万円
2020年4月1日～2021年3月31日	1,000万円	500万円
2021年4月1日～2021年12月31日	800万円	300万円

ロ　住宅用の家屋の新築等に係る対価等の額に含まれる消費税等の税率が10％である場合

住宅用家屋の取得等に係る契約の締結日	省エネ等住宅	左記以外の住宅
2019年4月1日～2020年3月31日	3,000万円	2,500万円
2020年4月1日～2021年3月31日	1,500万円	1,000万円
2021年4月1日～2021年12月31日	1,200万円	700万円

出所：国税庁ホームページより作成

第２章　相続税の仕組みを知り早期節税対策が決め手となる

① 　贈与を受けた時に贈与者の直系卑属（贈与者は受贈者の直系尊属）であること。

　配偶者の父母（または祖父母）は直系尊属には該当しませんが、養子縁組をしている場合は直系尊属に該当します

② 　贈与を受けた年の１月１日時点で、20歳以上であること。

③ 　贈与を受けた年の合計所得額が2,000万円以下であること。

④ 　それ以前に『住宅取得等資金の非課税』の適用を受けたことがないこと。

⑤ 　配偶者や親族など特別の関係がある人から取得した住宅ではないこと。

⑥ 　贈与を受けた年の翌年３月15日までに住宅取得等資金の全額を充てて住宅用の家屋の『新築等』をすること。

⑦ 　贈与を受けた時に日本国内に住所を有していること。

　なお、贈与を受けた時に日本国内に住所を有しない人であっても、一定の場合には、この特例の適用を受けることができます。

⑧ 　贈与を受けた年の翌年３月15日までにその家屋に居住することまたは同日後遅滞なくその家屋に居住することが確実であると見込まれること。

　以上が、「受贈者の要件」をまとめたものですが、利用を検討される方は、「住宅用の家屋の新築、取得または増改築等の要件」も確認しておく必要があります

　なお、贈与税の申告期間内に贈与税の申告書及び添付書類などを提出した場合に限り、その適用を受けることができます。贈与税の申告期間は、贈与を受けた年の翌年２月１日から３月15日までです。

37

また、住宅取得等資金の非課税制度適用後の残額には、暦年課税の基礎控除額 110 万円との併用や、もしくは、相続時精算課税制度の特別控除 2,500 万円との併用（巻末資料・注 8 参照）が選択できます。

（3）おしどり贈与で相続財産を減らす

　贈与税の配偶者控除（通称・おしどり贈与）とは、婚姻期間が 20 年以上の夫婦の間で、居住用不動産または居住用不動産を取得するための金銭の贈与が行われた場合、基礎控除 110 万円のほかに最高 2,000 万円まで控除（配偶者控除）できるという特例です。

　この特例を利用するための適用要件は次の 3 つです。国税庁タックスアンサー No.4452「夫婦の間で居住用の不動産を贈与したときの配偶者控除」からの抜粋となります。

---

① 　夫婦の婚姻期間が 20 年を過ぎた後に贈与が行われたこと。

② 　配偶者から贈与された財産が、自分が住むための国内の居住用不動産であることまたは居住用不動産を取得するための金銭であること。

③ 　贈与を受けた年の翌年 3 月 15 日までに、贈与により取得した国内の居住用不動産または贈与を受けた金銭で取得した国内の居住用不動産に、贈与を受けた者が現実に住んでおり、その後も引き続き住む見込みであること。なお、配偶者控除は同じ配偶者からの贈与については一生に一度しか適用を受けることができません。

　注意点として、贈与を受けた居住用不動産に、贈与を受けた翌年 3 月 15 日の時点で「現実に住んでいる」必要があります。よって、居住用不

第2章　相続税の仕組みを知り早期節税対策が決め手となる

動産を取得するため金銭で贈与する場合は、「住宅取得等資金の贈与」にもまして、物件の取得スケジュールに注意が必要です。

　一方、贈与をせずに相続となった場合でも、配偶者の法定相続分または1億6,000万円のいずれか大きい金額まで税額控除できる配偶者の税額軽減があります。したがって、配偶者が自宅を相続する場合は、おしどり贈与をせずとも相続税はかからない可能性の方が高いと思われます。

　ちなみに、おしどり贈与をした場合、登録免許税・不動産取得税等の「移転コスト」が生じます。登録免許税においては、相続による所有権移転登記の税率は0.4％ですが、贈与だと2％となり5倍のコストがかかってしまいます。

　それでは、おしどり贈与のメリットは何かということになります。それは、2,000万円分の財産を配偶者に移転できるので、相続財産を減らすことができるということです。さらに、おしどり贈与した不動産や資金は、贈与を受けた年にその配偶者が死亡した場合であっても相続財産に加算されません。

（4）教育資金の一括贈与

　2013年度税制改正で教育資金贈与の特例「直系尊属（父母や祖父母）から教育資金の一括贈与を受けた場合の贈与税の非課税制度」が創設されました。この非課税制度の特例が適用される期間は、2013年4月1日〜2019年3月31日までとなります。

　この制度は、子・孫ごとに1,500万円まで（塾や習い事など学校以外の教育費は500万円まで）の贈与が非課税になる制度です。

　具体的な利用方法は、金融機関等と教育資金管理契約を締結し、教育資金口座の開設等を行う必要があります。そして、金融機関等からお金を引

39

き出すためには、支払に充てた金銭に係る領収書等を提出期限までに提出する必要があります（図表23参照）。

なお、受贈者が30歳に達することなどにより、教育資金口座に係る契約が終了したときに残額がある場合は、その残額はその契約終了時に贈与があったこととされ課税されますので注意が必要です。

上記のように、留意すべき点や長期間にわたり手続きも多く、利用しやすいとは言えません。

むしろ、無理にこの特例を利用しなくても、従来から学費等については、必要な都度子や孫に贈与することは無税で利用できます。また、暦年贈与で110万円以下であれば、贈与税がかからない基礎控除枠を利用できます。

図表23　教育資金の一括贈与の制度の流れ

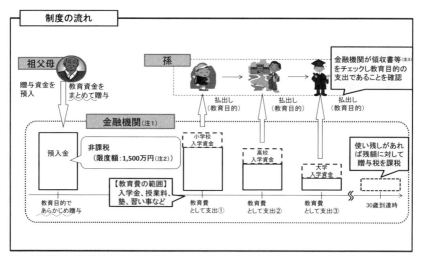

出所：財務省ホームページ

第2章　相続税の仕組みを知り早期節税対策が決め手となる

（5）生命保険を利用した相続税の節税対策

　生命保険は、病気、ケガ、死亡に備えて加入するものですが、節税商品として使うことができます。

　被相続人の死亡によって取得した生命保険金で、その保険料を被相続人が負担していたものは、相続税の課税対象（巻末資料・注9参照）となります。

　ただし、この死亡保険金の受取人が相続人である場合、図表24の算式のとおり相続税の非課税枠が設けられています。非課税枠を超える部分は、相続税の課税対象になります。なお、相続人以外の人が取得した死亡保険金には非課税の適用はありません。

　例えば、夫に家族で妻と子が3人いる場合、妻と子3人が法定相続人であるため、500万円×4人の2,000万円までの保険金は、相続税の課税対象となりません。なお、2,000万円を超えた保険金には、相続税が課税さ

図表24　生命保険金の非課税枠

```
┌─────────────────────────────────────────────┐
│   ╭──────────╮                                │
│   │ 生命保険金 │                               │
│   │    の     │  ＝５００万円×法定相続人の数    │
│   │  非課税枠  │                               │
│   ╰──────────╯                                │
└─────────────────────────────────────────────┘
```

（注1）法定相続人の数は、相続の放棄をした人がいても、その放棄がなかったものとした場合の相続人の数をいいます。

（注2）法定相続人の中に養子がいる場合、法定相続人の数に含める養子の数は、実子がいるときは1人、実子がいないときは2人までとなります。

出所：国税庁ホームページ

41

れます。

　このように、現金だとそのままの金額が相続税の対象になりますが、生命保険に組み替えるだけで節税になる対策です。

　一般的に、高齢であっても加入できる一時払い終身保険が利用されています。一時払い終身保険（外貨建て一時払終身保険を含む）は、複数の保険会社が取り扱っています。保険会社により、加入できる年齢等多少条件が異なりますので、比較しながら自分に合ったものに加入することをおすすめします。

　生命保険を利用した相続税の節税対策は、相続対策期間、家族イベント上のタイミングにかかわらず、ある程度の非課税枠を利用できますので、すぐにでも具体化できる対策といえます。

③ 「貸家事業」が節税を最大限発揮する

（1）「貸家事業」が相続対策に有効である評価の方法とは

　前節では、身近な非課税・控除枠を活用した節税スキームをご紹介しました。しかしながら、相続対策期間、家族イベント上のタイミング、相続人の人数などを考慮すれば、思っていたほど節税効果が得られるものではないと感じられた方も多いのではないでしょうか。

　それでは、本書のテーマである不動産を活用した相続対策で、節税効果がどのようにして生まれるのか説明してゆきたいと思います。

　相続税の対象となる財産の課税評価は、第2章①（3）図表18（30頁参照）のとおり、財産の種類によって変わります。

第2章　相続税の仕組みを知り早期節税対策が決め手となる

現金であれば額面そのままですが、不動産は路線価や固定資産評価額をベースにした相続税評価額が適用されます。

一般的に、路線価や固定資産評価額は実勢価格よりも低くなることが、不動産を活用すれば節税につながる理由となります。

また、賃貸されている土地や家屋については、権利関係に応じて評価額が調整されることになっています。この、調整がさらなる評価減を生むこととなります。

そこで、不動産の権利関係に応じた評価方法を確認していただくことで、理解が深まるものと思います。

①　建物の権利に応じた評価方法

建物は、自用家屋と貸家（貸付用建物）の２つに分類されます。

自用家屋とは自分の居住用の家（自宅）のことです。自用家屋には、別荘や個人事業の事務所・店舗・工場も含まれます。

相続税評価額は、固定資産税評価額に1.0倍して評価します。したがって、その評価額は固定資産税評価額と同じです。一般に、固定資産税評価額は、実際の建物の価格より 40 ～ 50％低い水準となります。

次に、貸家（貸付用建物）とは、アパートや賃貸マンションなど、家賃を取って他人に貸している家のことです。

貸家の評価方法は、評価額＝固定資産税評価額×（１－借家権割合×賃貸割合）となります。借家権割合は、全国一律30％です。つまり、自用家屋よりも30％低い評価となります。これが、「貸家事業」をしている場合の建物の評価方法ということになります。

結果的に、「貸家事業」をしている場合の建物の相続税評価額は、実際の建物の価格に比べて 30 ～ 40％程度の水準に下がります。

賃貸割合の留意点として、アパートや賃貸マンションは、入居者の入れ

43

替え時など、空室となる期間が必ず発生します。もし、相続発生時に空室となっていたとしても、入れ替えなど一時的なものについては、賃貸されていたものとして賃貸割合が計算されます。

　なお、賃貸割合という考え方は、アパート・マンションなどの部屋が複数ある建物に認められますが、戸建てには適用されません。戸建ての貸家については、相続発生時に賃貸中であったか否かで判断されます。

②　土地の権利に応じた評価方法

　土地は主に、自用地、借地権、貸宅地、貸家建付地の4つに分類されます。

　自用地とは土地の所有者が自分のために利用している土地のことです。自用地には、別荘の敷地や個人事業の事務所・店舗・工場の敷地、更地も含まれます。

　自用地の評価方法は、市街地などのように、路線価が定められている地域は、評価する宅地の面する路線の路線価を基に評価されます。この場合、土地取引の指標となる公示地価の80％程度の価格となります。これを、路線価方式と言います（図表25参照）。

　路線価が定められていない地域の土地は、公示地価の70％相当の固定資産税評価額を基に一定の倍率をかけて計算されます。これを、倍率方式と言います（図表26参照）。

第2章　相続税の仕組みを知り早期節税対策が決め手となる

図表 25　路線価図の説明

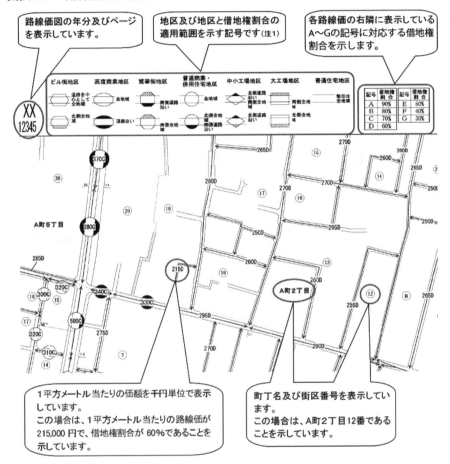

注1：記号の上部または下部（路線の向きによっては右または左）が「黒塗り」または「斜線」で表示されている路線の地区区分は、次のとおりです。
　　「黒塗り」の場合、その地区区分は「黒塗り」側の路線の道路沿いのみが該当します。
　　「斜線」の場合、その地区区分は「斜線」側の路線には該当しません。
　　「黒塗り」または「斜線」ではない「白抜き」の場合、その地区区分はその路線全域に該当します。
注2：相続税または贈与税の申告に際し、路線価の設定されていない道路のみに接している宅地の評価をするために、特定路線価の設定の申出が必要となる場合があります。

出所：国税庁ホームページ

45

図表26　倍率方式

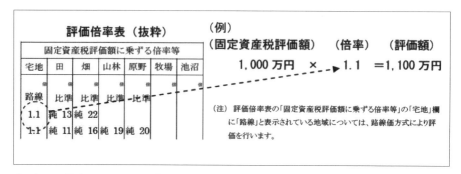

出所：国税庁ホームページ

　借地権とは、Ａさんの土地をＢさんが借りている場合のＢさんの権利をいいます。評価方法は、評価額＝自用地評価額×借地権割合となります。この借地権割合は、借地事情が似ている地域ごとに定められており、路線価図や評価倍率表に表示されています。地域によって、30％から90％となっています。国税庁が発表している「財産評価基準書　路線価図・評価倍率表」によって確認することができます。

　貸宅地とは、Ａさんの土地をＢさんが借りている場合のＡさんの土地です。また、借地権がついた土地の所有権を底地といいます。評価方法は、評価額＝自用地評価額×（1－借地権割合）となります。自用地評価額から、借地権分の金額を引いたものが、貸宅地の評価額になります。

　貸家建付地とは、Ａさんの土地にＡさん名義の建物を所有して、その建物にＢさんが借りている場合のＡさんの土地です。つまり、賃貸している戸建て・アパート・マンションの敷地が該当します。

　貸家建付地の評価方法は、評価額＝自用地評価額×（1－借地権割合×借家権割合×賃貸割合）となります（図表27参照）。例えば、借地権割合が60％であったとすれば、借家権割合は全国一律30％ですので、約20％

図表27　貸家建付地の権利関係と評価方法

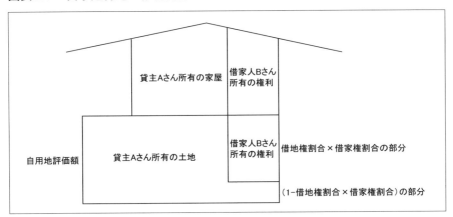

前後下がる計算となります。これが、「貸家事業」をしている場合の土地の評価方法ということになります。

結果的に、「貸家事業」をしている場合の土地の相続税評価額は、公示地価に比べて60〜70％程度の水準に下がります。

要するに、「貸家事業」を行えば、建物と公示地価による土地の価格が100だったとすると、同じ土地・建物の相続税評価額は半分の50程度になります。

上記を見れば、「貸家事業」を行うことで有利な評価方法が認められているということになります。

（2）「貸家事業」の節税効果をシミュレーションで検証

それでは、金融資産を不動産に組み替え「貸家事業」を行うことが、節税上有効であるか、シミュレーションで検証してみます。

ここでは、理解しやすいように戸建てとマンションを取り上げ、相続税

はどのように計算されるのか計算過程を追って説明します。

① 　何もしないで金融資産のままだったら

【前提条件】（図表 28 参照）

　法定相続人………配偶者・長男・長女の 3 名

　相続財産…………預金 5,000 万円・自宅（家屋＋土地）4,000 万円の財産

　　　　　　　　　合計 9,000 万円

　債務・葬儀費用…債務 100 万円・葬儀費用 200 万円

　取得財産…………配偶者（預金 1,000 万円・債務・葬儀費用 300 万円）、長

　　　　　　　　　男（自宅 4,000 万円）、長女（預金 4,000 万円）

　図表 29 のとおり、正味財産は、相続財産 9,000 万円－債務及び葬式費用 300 万円で 8,700 万円となります。基礎控除は、3,000 万円＋法定相続人 3 人× 600 万円で 4,800 万円となりますので、課税遺産総額は、正味財産 8,700 万円－基礎控除 4,800 万円で 3,900 万円となります。

　続いて、課税遺産総額に対する各法定相続人の法定相続分を計算します。配偶者は 3,900 万円× 1/2 で 1,950 万円、長男は 3,900 万円× 1/4 で 975 万円、長女は 3,900 万円× 1/4 で 975 万円となります。

　この法定相続分に対応する相続税率をそれぞれかけると、配偶者は 1,950 万円× 15％－ 50 万円で 242 万円、長男は 975 万円× 10％で 97 万円、長女は 975 万円× 10％で 97 万円の合計 437 万円が相続税の総額となります。

　最後に、相続税の総額が算出されましたので、各人の取得割合に応じた納付税額を計算します。配偶者は 437 万円×（預金 1,000 万円－債務・葬儀費用 300 万円）÷ 8,700 万円で 35 万円、長男は 437 万円× 4,000 万円÷ 8,700 万円で 201 万円、長女は 437 万円× 4,000 万円÷ 8,700 万円で 201 万円なります。ただし、配偶者は「配偶者の税額軽減（法定相続分または 1 億 6,000

第2章　相続税の仕組みを知り早期節税対策が決め手となる

図表28　①前提条件：何もしないで金融資産のままだったら

法定相続人	配偶者・長男・長女	3人
相続財産	5,000万円	預金
	4,000万円	自宅（家屋+土地）
財産合計	9,000万円	
債務・葬儀費用	300万円	債務100万円・葬儀費用200万円

取得財産内訳	金額	財産内訳
配偶者	1,000万円	預金
長男	4,000万円	自宅（家屋+土地）
長女	4,000万円	預金
債務	300万円	配偶者

出所：中央綜合税理士法人／株式会社中央綜合ビジネスコンサルティング

図表29　①シミュレーション：何もしないで金融資産のままだったら

①	相続財産	9,000
②	債務及び葬式費用	300
③	正味財産　①－②	8,700
④	基礎控除額	4,800
⑤	課税遺産総額③－④	3,900

⑥	⑤×各法定相続人の法定相続分	
	配偶者	3,900×1/2=1,950
	長男	3,900×1/4= 975
	長女	3,900×1/4= 975
	合計	3,900

⑦	⑥×相続税率	
	配偶者	1,950×15%-50=242
	長男	975×10%　= 97
	長女	975×10%　= 97
	合計	437

⑧	相続税の総額　×　各人の課税価格/課税価格の合計額	
	配偶者	437×　(注)700/8,700= 35
	長男	437×4,000/8,700=201
	長女	437×4,000/8,700=201
	合計	437

⑨	⑧－配偶者の税額軽減	35
納税額	合計	**402**

(注)預金1,000万円－債務及び葬式費用300万円

出所：中央綜合税理士法人／株式会社中央綜合ビジネスコンサルティング

千万円のいずれか多い方まで相続税はかからない)」がありますので、納付税額はゼロとなり納付税額合計は402万円となります。

② 金融資産で戸建てを購入したら

次に、預金5,000万円のうち4,000万円を引き出して、戸建てを購入したら相続税はどのくらい低くなるかシミュレーションで検証してみます。

【前提条件】(図表30参照)

戸建て購入価格…建物1,500万円、土地2,500万円

法定相続人………配偶者・長男・長女の3名

相続財産…………預金1,000万円・自宅(家屋+土地)4,000万円・戸建て2,900万円の財産合計7,900万円

債務・葬儀費用…債務100万円・葬儀費用200万円

取得財産…………配偶者(預金1,000万円・債務・葬儀費用300万円)、長男(自宅4,000万円)、長女(戸建て2,900万円)

(注)納税額は、表示単位未満を切り捨てしていますので、合計値と合わない場合があります。

戸建て建物の相続税評価額は、固定資産税評価額となりますので、建築費(建物の価格)1,500万円×60%でおおよそ900万円となります。

次に、戸建て土地の相続税評価額は、路線価となりますので、公示地価2,500万円(公示地価は、実際には実勢価格とは一致しませんが、等しいものとして計算)×80%でおおよそ2,000万円となり、合計2,900万円が評価額となります。

よって、金融資産で戸建てを購入するだけで評価額は4,000万円から2,900万円と評価額は縮小します。

図表31のとおり、正味財産は、相続財産7,900万円−債務及び葬式費

第2章　相続税の仕組みを知り早期節税対策が決め手となる

図表30　②前提条件：金融資産で戸建てを購入したら

法定相続人	配偶者・長男・長女	3人
相続財産	1,000万円	預金
	4,000万円	自宅(家屋+土地)
	2,900万円	戸建て
財産合計	7,900万円	
債務・葬儀費用	300万円	債務100万円・葬儀費用200万円
取得財産内訳	金額	財産内訳
配偶者	1,000万円	預金
長男	4,000万円	自宅(家屋+土地)
長女	2,900万円	戸建て
債務	300万円	配偶者

出所：中央綜合税理士法人／株式会社中央綜合ビジネスコンサルティング

図表31　②シミュレーション：金融資産で戸建てを購入したら

① 相続財産		7,900
② 債務及び葬式費用		300
③ 正味財産 ①−②		7,600
④ 基礎控除額		4,800
⑤ 課税遺産総額③−④		2,800
⑥ ⑤×各法定相続人の法定相続分		
	配偶者	2,800×1/2=1,400
	長男	2,800×1/4= 700
	長女	2,800×1/4= 700
	合計	2,800

⑦ ⑥×相続税率		
	配偶者	1,400×15%−50=160
	長男	700×10%= 70
	長女	700×10%= 70
	合計	300
⑧ 相続税の総額 × 各人の課税価格/課税価格の合計額		
	配偶者	300×700/7,600= 27
	長男	300×4,000/7,600=157
	長女	300×2,900/7,600=114
	合計	299
⑨ ⑧−配偶者の税額軽減		27
納税額	合計	272

（注）納税額は、表示単位未満を切り捨てていますので、合計値と合わない場合があります。

出所：中央綜合税理士法人／株式会社中央綜合ビジネスコンサルティング

用 300 万円で 7,600 万円となります。基礎控除は、3,000 万円＋法定相続人 3 人× 600 万円で 4,800 万円となりますので、課税遺産総額は、正味財産 7,600 万円－基礎控除 4,800 万円で 2,800 万円となります。

続いて、課税遺産総額に対する各法定相続人の法定相続分を計算します。配偶者は 2,800 万円× 1/2 で 1,400 万円、長男は 2,800 万円× 1/4 で 700 万円、長女は 2,800 万円× 1/4 で 700 万円となります。

この法定相続分に対応する相続税率をそれぞれかけると、配偶者は 1,400 万円× 15％－ 50 万円で 160 万円、長男は 700 万円× 10％で 70 万円、長女は 700 万円× 10％で 70 万円の合計 300 万円が相続税の総額となります。

最後に、相続税の総額が算出されましたので、各人の取得割合に応じた納付税額を計算します。配偶者は 300 万円×（預金 1,000 万円－債務・葬儀費用 300 万円）÷ 7,600 万円で 27 万円、長男は 300 万円× 4,000 万円÷ 7,600 万円で 157 万円、長女は 300 万円× 2,900 万円÷ 7,600 万円で 114 万円なります。ただし、配偶者は「配偶者の税額軽減」がありますので、納付税額はゼロとなり納付税額合計は 272 万円となります。

金融資産で戸建てを購入することにより、相続税納付税額は 402 万円から 272 万円と減少しました。

③　金融資産で賃貸用戸建てを購入したら

次に、預金 5,000 万円のうち 4,000 万円を引き出し、賃貸用戸建てを購入したら、相続税はどのくらい低くなるかシミュレーションで検証してみます。

【前提条件】（図表 32 参照）

　戸建て購入価格…………建物 1,500 万円、土地 2,500 万円

　土地・建物の権利状況…借地権割合が 60％借家権割合が 30％

　法定相続人………………配偶者・長男・長女の 3 名

第2章　相続税の仕組みを知り早期節税対策が決め手となる

相続財産……………………預金1,000万円・自宅（家屋＋土地）4,000万円・
　　　　　　　　　　　　　賃貸用戸建て2,270万円の財産合計7,270万円
債務・葬儀費用…………債務100万円・葬儀費用200万円
取得財産……………………配偶者（預金1,000万円・債務・葬儀費用300万円）、
　　　　　　　　　　　　　長男（自宅4,000万円）、長女（賃貸用戸建て2,270
　　　　　　　　　　　　　万円）
（注）納税額は、表示単位未満を切り捨てしていますので、合計値と合わない
　　　場合があります。

　賃貸用戸建て建物の相続税評価額は、固定資産税評価額に借家権割合が
考慮されますので、建築費（建物の価格）1,500万円×60％×（1－30％）
でおおよそ630万円となります。
　次に、賃貸用戸建て土地の相続税評価額は、路線価に借地権割合と借家

図表32　③前提条件：金融資産で賃貸用戸建てを購入したら

法定相続人	配偶者・長男・長女	3人
相続財産	1,000万円	預金
	4,000万円	自宅（家屋＋土地）
	2,270万円	賃貸用戸建て
財産合計	7,270万円	
債務・葬儀費用	300万円	債務100万円・葬儀費用200万円
取得財産内訳	金額	財産内訳
配偶者	1,000万円	預金
長男	4,000万円	自宅（家屋＋土地）
長女	2,270万円	貸付用戸建て
債務	300万円	配偶者

出所：中央綜合税理士法人　株式会社中央綜合ビジネスコンサルティング

権割合が考慮されますので、公示地価（公示地価は、実際には実勢価格とは一致しませんが、等しいものとして計算）2,500万円×80％×（1−60％×30％）でおおよそ1,640万円となり、合計2,270万円が評価額となります。

よって、金融資産で賃貸用戸建てを購入すると評価額は4,000万円から2,270万円となり、単に戸建てを購入した場合の2,900万円に比べさらに縮小します。

図表33のとおり、正味財産は、相続財産7,270万円−債務及び葬式費用300万円で6,970万円となります。基礎控除は、3,000万円＋法定相続人3人×600万円で4,800万円となりますので、課税遺産総額は、正味財産6,970万円−基礎控除4,800万円で2,170万円となります。

続いて、課税遺産総額に対する各法定相続人の法定相続分を計算します。配偶者は2,170万円×1/2で1,085万円、長男は2,170万円×1/4で542万

図表33　③シミュレーション：金融資産で賃貸用戸建てを購入したら

①	相続財産		7,270
②	債務及び葬式費用		300
③	正味財産　①−②		6,970
④	基礎控除額		4,800
⑤	課税遺産総額③−④		2,170
⑥	⑤×各法定相続人の法定相続分		
		配偶者	2,170×1/2=1,085
		長男	2,170×1/4= 542
		長女	2,170×1/4= 542
		合計	2,170

⑦	⑥×相続税率		
		配偶者	1,085×15％−50=112
		長男	542.5×10％　= 54
		長女	542.5×10％　= 54
		合計	221
⑧	相続税の総額　×　各人の課税価格/課税価格の合計額		
		配偶者	221.1×　700/6,970= 22
		長男	221.1×4,000/6,970=126
		長女	221.1×2,270/6,970= 72
		合計	221
⑨	⑧−配偶者の税額軽減		22
納税額		合計	199

（注）納税額は、表示単位未満を切り捨てしていますので、合計値と合わない場合があります。

出所：中央綜合税理士法人／株式会社中央綜合ビジネスコンサルティング

円、長女は 2,170 万円 × 1/4 で 542 万円となります。

　この法定相続分に対応する相続税率をそれぞれかけると、配偶者は 1,085 万円 × 15％ − 50 万円で 112 万円、長男は 542.5 万円 × 10％で 54 万円、長女は 542.5 万円 × 10％で 54 万円の合計 221 万円が相続税の総額となります。

　最後に、相続税の総額が算出されましたので、各人の取得割合に応じた納付税額を計算します。配偶者は 221.1 万円 ×（預金 1,000 万円 − 債務・葬儀費用 300 万円）÷ 6,970 万円で 22 万円、長男は 221.1 万円 × 4,000 万円 ÷ 6,970 万円で 126 万円、長女は 221.1 万円 × 2,270 万円 ÷ 6,970 万円で 72 万円なります。ただし、配偶者は「配偶者の税額軽減」がありますので、納付税額はゼロとなり納付税額合計は 199 万円となります。

　金融資産で賃貸用戸建てを購入することにより、相続税納付税額は 402 万円から 199 万円と減少しました。単に戸建てを購入した場合の 272 万円に比べさらに減少します。

④　金融資産で賃貸用マンションを購入したら

　同じ金額の一戸建てとマンションを比較した場合、マンションの方が建物の高さがあって戸数が多い分、一戸当たりの土地面積は狭くなります。そのため、一般的にはマンションの方が相続税評価額は安くなる傾向にあります。図表 34 のように、マンション 1 室を区分所有した場合、土地そのものを所有しているわけではなく、1 室に応じた○分の○等…と登記簿に記載される敷地権割合という権利で土地を所有しているためです。

　それではさらに、預金 5,000 万円のうち 4,000 万円を引き出し、賃貸用戸建てではなく賃貸用マンションを購入したら、相続税はどのように変化するかシミュレーションで検証してみます。

図表34　土地の所有状態のイメージ

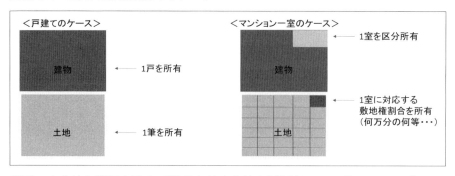

出所：中央綜合税理士法人／株式会社中央綜合ビジネスコンサルティング

【前提条件】（図表35参照）

マンション購入価格……建物2,800万円、敷地権1,200万円

土地・建物の権利状況…借地権割合が60％借家権割合が30％

法定相続人………………配偶者・長男・長女の3名

相続財産…………………預金1,000万円・自宅（家屋＋土地）4,000万円・賃貸用マンション1,963万円の財産合計6,963万円

債務・葬儀費用…………債務100万円・葬儀費用200万円

取得財産…………………配偶者（預金1,000万円・債務・葬儀費用300万円）、長男（自宅4,000万円）、長女（賃貸用マンション1,963万円）

（注）納税額は、表示単位未満を切り捨てしていますので、合計値と合わない場合があります。

　賃貸用マンションの建物区分所有部分の相続税評価額は、固定資産税評価額に借家権割合が考慮されますので、建物部分の価格2,800万円×60％

第2章　相続税の仕組みを知り早期節税対策が決め手となる

図表35　④前提条件：金融資産で賃貸用マンションを購入したら

法定相続人	配偶者・長男・長女	3人
相続財産	1,000万円	預金
	4,000万円	自宅（家屋+土地）
	1,963万円	賃貸用マンション
財産合計	6,963万円	
債務・葬儀費用	300万円	債務100万円・葬儀費用200万円
取得財産内訳	**金額**	**財産内訳**
配偶者	1,000万円	預金
長男	4,000万円	自宅（家屋+土地）
長女	1,963万円	貸付用マンション
債務	300万円	配偶者

出所：中央綜合税理士法人　株式会社中央綜合ビジネスコンサルティング

×（1－30％）でおおよそ1,176万円となります。

　次に、賃貸用マンションの敷地権の相続税評価額は、路線価に借地権割合と借家権割合が考慮されますので、公示地価（公示地価は、実際には実勢価格とは一致しませんが、等しいものとして計算）1,200万円×80％×（1－60％×30％）でおおよそ787万円となり、合計1,963万円が評価額となります。

　よって、金融資産で賃貸用マンションを購入すると評価額は4,000万円から1,963万円となり、戸建てを購入した場合の2,900万円・賃貸用戸建てを購入した場合の2,270万円に比べさらに縮小します。

　図表36のとおり、正味財産は、相続財産6,963万円－債務及び葬式費用300万円で6,663万円となります。基礎控除は、3,000万円＋法定相続人3人×600万円で4,800万円となりますので、課税遺産総額は、正味財産6,663万円－基礎控除4,800万円で1,863万円となります。

57

図表36　④シミュレーション：
　　　　金融資産で賃貸用マンションを購入したら

①	相続財産	6,963
②	債務及び葬式費用	300
③	正味財産　①－②	6,663

④	基礎控除額	4,800

⑤	課税遺産総額③－④	1,863

⑥	⑤×各法定相続人の法定相続分	
	配偶者	1,863×1/2=931
	長男	1,863×1/4=465
	長女	1,863×1/4=465
	合計	1,863

⑦	⑥×相続税率	
	配偶者	931×10%=93
	長男	465×10%=46
	長女	465×10%=46
	合計	186

⑧	相続税の総額 × 各人の課税価格/課税価格の合計額	
	配偶者	186×700/6,663= 19
	長男	186×4,000/6,663=111
	長女	186×1,963/6,663= 54
	合計	186

⑨	⑧－配偶者の税額軽減	19
納税額	合計	166

（注）納税額は、表示単位未満を切り捨てしていますので、合計値と合わない場合があります。

出所：中央綜合税理士法人　株式会社中央綜合ビジネスコンサルティング

　続いて、課税遺産総額に対する各法定相続人の法定相続分を計算します。配偶者は1,863万円×1/2で931万円、長男は1,863万円×1/4で465万円、長女は1,863万円×1/4で465万円となります。

　この法定相続分に対応する相続税率をそれぞれかけると、配偶者は931万円×10％で93万円、長男は465万円×10％で46万円、長女は465万円×10％で46万円の合計186万円が相続税の総額となります。

　最後に、相続税の総額が算出されましたので、各人の取得割合に応じた納付税額を計算します。配偶者は186万円×（預金1,000万円－債務・葬儀費用300万円）÷6,663万円で19万円、長男は186万円×4,000万円÷6,663万円で111万円、長女は186万円×1,963万円÷6,663万円で54万円なります。ただし、配偶者は「配偶者の税額軽減」がありますので、納付税額

第2章　相続税の仕組みを知り早期節税対策が決め手となる

図表 37　不動産を活用した節税効果

財産の種類	評価の倍率	評価額	相続税
現金	100%	4,000万円	402万円
戸建て（注1）	建物　60% 土地　80%	2,900万円	272万円
賃貸用戸建て（注1）	建物　60%×70% 土地　80%×82%	2,270万円	199万円
賃貸用マンション一室（注2）	建物　60%×70% 土地　80%×82%	1,963万円	166万円

（注1）建物1,500万円、土地2,500万円、借地権割合が60%　借家権割合が30%の場合
（注2）建物2,800万円、敷地権1,200万円、借地権割合が60%の場合　借家権割合が30%の場合

出所：中央綜合税理士法人／株式会社中央綜合ビジネスコンサルティング

はゼロとなり納付税額合計は 166 万円となります。

　金融資産で賃貸用マンションを購入することにより、相続税納付税額は402 万円から 166 万円と減少しました。戸建てを購入した場合の 272 万円・賃貸用戸建てを購入した場合の 199 万円に比べさらに減少します（図表 37参照）。

　以上のように、金融資産を不動産にカタチを変え賃貸用にすることで、大幅に節税することが可能になります。さらに、同じ金額でもマンションにカタチを変えることで、敷地権というマンション特有の土地の所有方法より、さらに節税が可能になることを確認することができました。

　例えば、賃貸用ワンルームマンションにカタチを変えるとすれば、アパートや 1 棟マンション等に比べれば手頃感があり、余裕資金に応じて複数物件購入することもできます。そうなれば、物件を分散所有することで、リスクの集中を低減することができます。また、遺産分割もしやすくなります。よって、節税、争族対策及びリスクの低減を織り込んだ相続対策を実

59

現することが可能となります。

次項では、「貸家事業」であればさらに土地の評価が下がる「小規模宅地等の特例」について説明します。

（3）「小規模宅地等の特例」でさらなる評価減が可能に

図表38のとおり、相続によって土地を取得した場合、その土地の中に被相続人の居住の用に供されていた宅地（特定居住用宅地等）や、事業の用に供していた宅地（特定事業用宅地等）があるときは、限度面積までの部分について通常の相続税評価額から一定の割合を減額することができます。これを「小規模宅地等の特例」といいます。この特例は、相続人の居住継続や事業継続に配慮し、生活基盤の維持を図るためのものです。

また同様に、貸付事業に使用していた土地（貸付事業用宅地等）についても、限度面積までに限り、通常の相続税評価額から一定の割合を減額することができます。貸付事業用宅地等の限度面積は200㎡・減額割合は50％となります。

つまり、200㎡までの貸付事業用に使用していた土地の評価額については50％の減額になるということです。

前項④のシミュレーションで、賃貸用マンションの床面積が25㎡・持ち分面積が7㎡であったとします。敷地権の相続税評価額が787万円でしたので、50％減額で393.5万円に評価が減額されることになる大変有利な特例です。

ちなみに、「特定居住用宅地等」と「特定事業用宅地等」の小規模宅地等については、それぞれの限度面積まで特例の併用適用が可能です。例えば、「特定居住用宅地等」は330㎡、「特定事業用宅地等」は400㎡、合わせて最大で730㎡まで適用可能です。

第2章　相続税の仕組みを知り早期節税対策が決め手となる

図表38　小規模宅地等の特例の概要

相続開始の直前における宅地等の利用区分			要件		限度面積	減額される割合
被相続人等の事業の用に供されていた宅地等	貸付事業以外の事業用の宅地等		①	特定事業用宅地等に該当する宅地等	400㎡	80%
	貸付事業用の宅地等	一定の法人に貸し付けられ、その法人の事業（貸付事業を除く）用の宅地等	②	特定同族会社事業用宅地等に該当する宅地等	400㎡	80%
			③	貸付事業用宅地等に該当する宅地等	200㎡	50%
		一定の法人に貸し付けられ、その法人の貸付事業用の宅地等	④	貸付事業用宅地等に該当する宅地等	200㎡	50%
		被相続人等の貸付事業用の宅地等	⑤	貸付事業用宅地等に該当する宅地等	200㎡	50%
被相続人等の居住の用に供されていた宅地等			⑥	特定居住用宅地等に該当する宅地等	330㎡	80%

(注)

1　「貸付事業」とは、「不動産貸付業」、「駐車場業」、「自転車駐車場業」及び事業と称するに至らない不動産の貸付けその他これに類する行為で相当の対価を得て継続的に行う「準事業」をいいます（以下同じです。）。

2　「一定の法人」とは、相続開始の直前において被相続人及び被相続人の親族等が法人の発行済株式の総数又は出資の総額の50%超を有している場合におけるその法人（相続税の申告期限において清算中の法人を除きます。）をいいます。

3　特例の適用を選択する宅地等が以下のいずれに該当するかに応じて、限度面積を判定します。

特例の適用を選択する宅地等	限度面積
特定事業用等宅地等（①又は②）及び特定居住用宅地等（⑥）（貸付事業用宅地等がない場合）	①＋② ≦ 400㎡　⑥≦ 330㎡ 両方を選択する場合は、合計730㎡
貸付事業用宅地等（③、④又は⑤）及びそれ以外の宅地等（①、②又は⑥）（貸付事業用宅地等がある場合）	（①＋②）× 200/400 ＋⑥× 200/330 ＋（③＋④＋⑤）≦ 200㎡

出所：国税庁ホームページより作成

　ただし、貸付事業用宅地等を併用する場合は、限定併用となるため注意が必要です。特定事業用宅地等× 200/400 ＋特定居住用宅地等× 200/330 ＋貸付事業用宅地等≦ 200㎡の計算式で求めることができます。

　例えば、特定居住用宅地等200㎡・貸付事業用宅地等100㎡の宅地を相続または遺贈により取得したとします（図表39参照）。

　特定居住用宅地等を優先した場合、上の式に数字を入れると0㎡（特定

図表 39　貸付事業用宅地等がある場合の限度面積

例：特定居住用宅地等　200 ㎡　　貸付事業用宅地等　100 ㎡

特定居住用宅地等を優先する場合→特定居住用宅地等 200 ㎡　　貸付事業用宅地等　79 ㎡

貸付事業用宅地等を優先する場合→特定居住用宅地等 165 ㎡　　貸付事業用宅地等　100 ㎡

出所：中央綜合税理士法人／株式会社中央綜合ビジネスコンサルティング

事業用宅地等）× 200/400 ＋ 200㎡（特定居住用宅地等）× 200/330 ＋ 79㎡（貸付事業用宅地等）≦ 200㎡となります。

　一方、貸付事業用宅地等を優先する場合、0 ㎡（特定事業用宅地等）× 200/400＋165㎡（特定居住用宅地等）× 200/330 ＋ 100㎡（貸付事業用宅地等）≦ 200㎡となります。

　現実には、複数の宅地がある場合、小規模宅地等の特例の適用をどの土地から優先適用すると最も効果が高くなるか計算します。

　東京 23 区内のワンルームマンションの場合、概ね床面積は25㎡から30㎡、敷地の持ち分面積はマンションの階層の違いによって異なりますが、概ね5 ㎡から10㎡となります。

　例えば、特定居住用宅地等 200㎡・貸付事業用宅地等 100㎡、賃貸用マンションの床面積が25㎡・持ち分面積が7 ㎡、で特定居住用宅地等を優先した場合、貸付事業用宅地等の限度面積79㎡÷ 7 ㎡で 11 戸まで購入することができます。

　以上のように、小規模宅地等の特例は評価額を下げるには、効果の大きい特例であると言えますので覚えておく必要があります。ここまで説明した土地の評価減の効果度合いを図示すると、図表 40 のとおりとなります。

　なお、2018 年度税制改正において、小規模宅地等の特例が見直し（巻末

第2章　相続税の仕組みを知り早期節税対策が決め手となる

図表40　土地の評価減の効果度合い

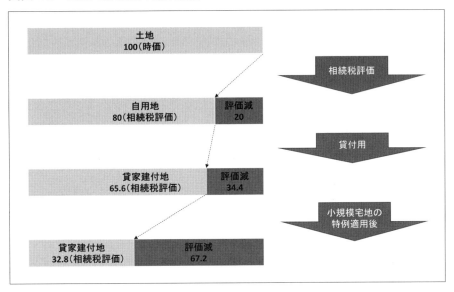

出所：中央綜合税理士法人　株式会社中央綜合ビジネスコンサルティング

資料・注10参照）されましたので注意が必要です。「貸家事業」において直接関係があるのは、貸付事業用宅地等の範囲の見直しです。その内容は、「相続開始前3年以内に貸付事業の用に供された宅地等」については、特例の対象から除外となるというものです。

　相続はいつ発生するか分かりません。「貸家事業」で相続対策を考えている場合は、3年縛りがあるため、ますます早めの実施が有利となってきます。

　具体的に検討する場合は、実際には詳細な規定や要件がありますので、相続税が専門の税理士に相談することをお勧めします。

第3章

相続対策で活用するなら東京23区内のワンルームマンションである

① 活用すべき不動産は何か？
「相続対策で必要な資産特性」で比較考察する

（1）「相続対策で必要な資産特性」とは

2章③では、「貸家事業」の主に節税効果について説明しました。しかしながら、節税対策イコール相続対策ではありません。相続対策とは、計画的に相続税を節税し、遺産分割時の不幸な争いを防ぎ、相続対策後も資産形成を可能にすることです。

ここからは、相続対策を効果的に実現する上で、「貸家事業」に活用すべき最適な不動産について検討してみます。相続対策に適した不動産には、特有の資産特性を備えている必要があります。

相続対策で必要な資産特性を挙げると次のようになります。

①相続税評価額の圧縮率が高いこと

相続税の減額効果が相応にあり、適正な節税を実現できる必要があります。

②流動性・換金性が高いこと

納税など必要な時に容易に現金に換金できる必要があります。

③平等に分割しやすいこと

遺産分割がしやすくなれば争族を回避することが可能となります。

④相続対策後も低リスクで安定収入を得ることができること

対策後も生活費等の支払は必ず発生しますので、安定した収入を得ることが重要です。

これらの特性を、バランスよく持ち合わせた不動産の活用が、賢い相続対策であると言えます。

第3章 相続対策で活用するなら東京23区内のワンルームマンションである

　結論を言えば、東京23区内のワンルームマンションが、これらの特性をバランスよく持ち合わせた不動産です。①相続税評価額の圧縮率は相応に高く、適正な節税を実現することが可能です。需要が旺盛な東京23区内では、実際に取引される土地の価格は、路線価より相当高くなります。この価格差が大きいほど、相続税評価額の圧縮効果も高くなります。②流動性・換金性は高く、3カ月程度の余裕を見れば買いたたかれることもなく、適正価格で売却することが可能です。また、③高額な一戸を購入するのではなく、同額分の複数物件を購入すれば、遺産分割がしやすく争族対策になります。加えて、分散所有することで、リスクの集中を低減するメリットもあります。そして、④賃貸需要は高く空室リスクが低いので、安定した収入を得ることが可能です。

　このように、東京23区内のワンルームマンションが、相続対策を効果的に実現する最適な不動産と言えます。

　一方、実際の相続対策では、ワンルームマンションだけでなく、様々な種類の不動産が活用されています。そこで、「相続対策で必要な資産特性」を念頭に置いて、ワンルームマンション以外の不動産について比較考察することとします。

（2）アパートは相続対策の一大主流だった

① 供給過剰のアパート

　現金そのままであれば、相続税の評価額は額面そのままです。ところが、アパートという不動産に組み替えると、「貸家事業」となり相続税評価額は下がります。

　そこで、アパート経営は、現金をアパートという不動産に組み替えて節

税できる対策として一大主流となりました。

　そのような背景もあって、相続対策イコールアパート経営というブームが起こり、現状供給過剰になっている状況です。

　一方、金融機関では、地方経済の縮小、日銀のマイナス金利政策の導入や融資の低金利競争などの影響で、本業である貸出業務の収益力が低下している状況にあります。

　このような状況下において、金融機関は、利鞘もロットも取れる商品として、アパートローンを積極的に推進しました。これも、供給過剰の一要因と見てよいでしょう。アパートローンは、住宅ローンや企業向けの貸出金利より比較的高く収益性が良い商品です。また、相続対策を目的としたアパートローンの融資先は、回収に懸念のない富裕層が多く、金融機関にとって優良な新規融資推進先であると言えます。

　このような供給過剰な状況において、金融庁は金融機関に対し、アパートローンの行き過ぎた傾斜や不良債権化を懸念し、注意喚起を行いました。その結果、2017年頃から急速にブレーキがかかってきている状況にあります。金融機関は、金融庁の監視強化や指導があれば、融資姿勢を見直し、消極姿勢になることが多く、今後アパートローンは借り難い状態になると予想されます。そのような状況が続けば、アパートを売却したくても、次にアパートを購入したい人がアパートローンを借りられないため、売買が停滞する可能性があります。もしそうなれば、アパートのマーケットが縮小し、価格下落リスクの上昇で、換金性が悪化することが想定されます。

　そもそも、アパート経営は「貸家事業」ですから、収益性を確保するため、立地条件が優れている必要があります。しかしながら、自分の土地の立地適否を見極めず、節税だけを優先してアパートを建てるケースがあるようです。このようなケースの場合は、空室率が高く収益性が悪い物件を所有してしまう可能性が高くなります。また、そのような物件は、流動性・

第3章　相続対策で活用するなら東京23区内のワンルームマンションである

換金性に劣るということになります。売却損が膨れて相続後に売却不可能となるリスクがあることを理解しておく必要があります。

　なお、相続人が複数いる場合、遺産分割で問題が起こる可能性があります。そのため、争族対策という面では、それほど優れているとは言えません。

　節税の観点では、アパート経営は確かに効果があります。ただし、土地の所有割合で見ると、ワンルームマンションにおける敷地権割合の方が不動産に占める土地の割合が低くなります。そのため、ワンルームマンションの方が、より評価が下がる傾向にあると言えます（図表34参照（56頁））。

②　借入イコール相続対策とはならない

　アパートについては、その他に注意しなければならないポイントがいくつかあります。アパート建設にはある程度まとまった資金が必要となるため、金融機関からの借入がセットのように使われています。それは、借入することで負債となり資産から控除されることから、借入イコール節税であると誤解して利用されているように思われます。

　例えば、金融資産1億円と土地1億円を所有していたAさんが、1億円の借入でアパートを建設するとします。そうすると、金融資産1億円と借入金1億円が相殺され、土地建物は評価減で10,760万円の評価となります。結果、相続財産を9,240万円減らすことができました（図表41参照）。

　一方、Bさんは、借入をせず金融資産1億円でアパートを建設すると、土地建物の評価減で10,760万円の評価となり、相続財産を9,240万円減らすことができました。どうでしょう、同じ結果となりました（図表42参照）。

　節税効果は同じですが、借入額が増えれば毎月の返済負担が増えますし、その分借入利息も余分に払うことになります。

　つまり、なんとなく全額借入するのではなく、生活費や納税資金の確保など、金融資産の保有バランスを考えたうえで利用を行う必要があります。

69

図表41　借入でアパートを建設した場合

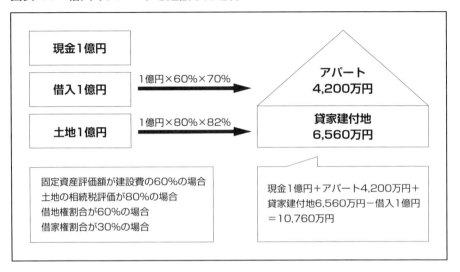

図表42　借入せず金融資産でアパートを建設した場合

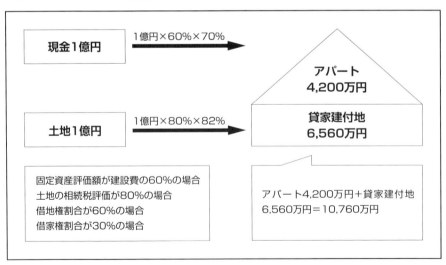

第3章　相続対策で活用するなら東京23区内のワンルームマンションである

③　家賃保証額があるから安心ではない

　多くのアパート経営では、家賃保証もしくはサブリースといって、入居者がいなくても家賃を保証してくれるというシステムがあります。

　家賃保証の更新（2年）の度に保証賃料が引き下げられ、最近問題となっているケースを新聞等で報じられていますので注意が必要です。

④　木造より RC 構造（鉄筋コンクリート造）

　法定耐用年数では、一般的なワンルームマンションは RC 構造で47年、多くのアパートは木造で22年なので25年の差があります。仮に、経済耐用年数で見れば、もっと大きな差があるのではないでしょうか。

　アパート（木造）の場合、親世代では予定どおりの入居状態を保っていたとしても、子供世代では木造のため劣化が激しく入居者の確保が難しくなることが起こりえます。そうなると、大規模な修理や建て替えが必要となることも考えられます。

　RC 構造のワンルームマンションであれば、リフォームだけで賃料の下落を防ぎ、入居率の回復が十分可能となります。

（3）資産家に人気を博したタワーマンション

　一般的にタワーマンションとは、高さが60mを超え、または階数が20階超の高層マンションを指します。

　タワーマンションは、高層のため戸数が多く、ワンルームマンションよりも不動産に占める土地の割合が低くなり、評価減の効果は高くなります。実勢価格からの評価減率は、タワーマンションが約80％、ワンルームマンションでは約70％程度となります（図表43参照）。

　タワーマンションの相続税評価額は、低階層であろうと高階層であろう

図表43　タワーマンションとワンルームマンションの評価減率

出所：株式会社PIM

と、面積が同じであれば同じです。ただし、実勢価格で見ると、低階層よりも高階層のほうが高くなります。要するに、高階層を購入すれば、より相続税評価額との価格差が大きくなり、節税効果は高くなります。このように、節税効果に優れていることから、最近まで人気の相続対策でした。

　なお、2017年度税制改正で、固定資産税額の負担については、高層階を増税し低層階を減税することで、実勢価格との不均衡が緩和されることとなりました。ただし、固定資産税額の按分についての見直しであり、固定資産税評価額自体を改正するわけではありません。よって、固定資産税

第3章　相続対策で活用するなら東京23区内のワンルームマンションである

評価額は変わらないため、タワーマンションの相続税評価額については特に影響はありません。

　タワーマンションは、好立地の場合が多く価格上昇が続いてきました。しかしながら、外国人による投機的な購入も、価格上昇の要因となっています

　このような投機マネーは、ピーク感があれば一斉に流出が始まることになります。そうなれば、流動性・換金性の低下から免れることはできません。

　収益性から見ると、家賃は高く設定できますが、家賃が高いだけに入居者が一度退去すると次の入居者が見つかるまでに時間がかかる傾向があります。つまり、家賃が入らない期間が長くなる可能性が高いということです。

　ランニングコストは、一般のマンションにはない付属施設や設備があるので、管理費と修繕費は当然高くなります。また、超高層のため足場が組めないので、外壁などの維持管理費が非常に高くなります。そうなると、安定した収入を得ることができるかという問いにも疑問符をつけなければなりません。

　いずれにせよ、タワーマンションは市場に出始めてからまだ20年ほどです、時間が経ってみないと分からないというのが結論です。

　なお、高額であるため相続人人数分の所有ができなかった場合、争族対策という面でも優れているとは言えません。

（4）1棟マンション

　節税の観点では、確かに効果はあります。ただし、土地の所有割合で見ると、ワンルームマンションにおける敷地権割合の方が不動産に占める土地の割合が低くなります。そのため、ワンルームマンションの方が、より

73

評価が下がる傾向にあると言えます。これは、アパートと同じように、建物が建っている土地を全て所有するからです。

　安定的な収益性を考えた場合、東京23区内で好立地であればワンルームマンションと同等なパフォーマンスが取れると考えてよいと思います。

　ただし、大きな災害があった場合、1棟丸ごとの所有では損害が集中してしまうリスクがあります。反面、ワンルームマンションは、様々な場所の物件を所有することができるため、リスクの分散を図ることが可能です。

　また、1棟マンションそのものに被害がなくても、エリア的に住環境が悪化してしまう場合もあります。そうなった場合には、入居者の確保が難しくなり、流動性・換金性のない物件となってしまう危険性があります。

　なお、高額なので相続人人数分の所有ができなかったことから、相続時に共有としてしまうなど、争族要因を残してしまうことになります。共有とした場合、相続人の1人が1棟マンションを売却し換金したいと思っても、他の相続人が承知せず揉めてしまうケースが想定されるからです。

（5）ファミリー向けマンション

　相続対策で必要な資産特性を満たすという点では、ワンルームマンションとほぼ同程度の効果があると言えますが、利回りはワンルームマンションより低くなる傾向があります。

　なお、ワンルームマンションの入居者となる単身者は、自分の考えだけで決めることができます。一方、ファミリーマンションの入居者は、まさにファミリーなので家族内の意見がまとまる必要があります。そのため、決まるまでに時間がかかることも多く、空室の期間が長くなるという、収益性の面でのマイナス要因をはらみます。

第3章　相続対策で活用するなら東京23区内のワンルームマンションである

（6）区分所有オフィス

　一般的に住宅用の物件に比べて賃料設定が高く、「全て上手くいけば」相続対策として活用するメリットは大きいと言えます。

「全て上手くいけば」、との表現をしたのは、景気によるリスクが大きいからです。景気のアップダウンにより影響されやすいため、景気が悪い場合は空室リスクが非常に高くなってしまいます。

　また、区分所有オフィスの歴史はまだ浅く、特定の業者よる取扱いのため、広い市場はそもそも存在していません。市場に出回る数が少ないということは、流動性・換金性の面での不安材料となります。

　なお、高額であるため相続人人数分の所有ができなかった場合、争族対策という面で優れているとは言えません。

　タワーマンションと同じように、時間が経ってみないと分からないというのが結論です。

（7）ニューフェイスな任意組合型不動産小口証券化商品

　不動産特定共同事業法に基づき、各投資家と事業主が民法に基づいた任意組合契約を締結し、投資家が金銭で出資をするものです。これにより、投資家は、不動産の共有持ち分を購入することとなります。

　任意組合型不動産小口証券化商品は、現物不動産と同じ扱いとなるので、相続税評価額の資産圧縮効果や小規模宅地等の特例も使えます。したがって、証券化物件の構造や立地が良ければ、小口化できる点でワンルームマンション以上に使い勝手がよいと言えます。また、争族対策にも優れていると言えます。

　しかし、歴史はまだ浅く、特定の業者による取扱いが始まったばかりで

75

す。現状、市場がないため、どのタイミングでも買い取ってくれるという流動性・換金性については、販売業者の将来に及ぶ信用力次第となってしまいます。比較的新しい商品だけに、不動産以外の大きなリスク要因が潜んでいると言えます。

　タワーマンションや区分所有オフィスと同じように、時間が経ってみないと分からないというのが結論です。

　以上を総括すると、「相続対策で必要な資産特性」を「バランスよく持ち合わせた不動産」は、現在においてワンルームマンションのポイントが高いとの結論を得ることができます。具体的には、東京23区内のワンルームマンションであるということになります。

② なぜ東京なのか、空室リスクに耐える理由とは

（1）東京の人口と単身世帯数の増加

　総務省の公表する「住民基本台帳に基づく人口、人口動態及び世帯数」（図表44参照）を見ると、2017年1月1日現在の住民基本台帳をもとにした日本の人口は、1億2,790万7,086人で、前年度よりも15万9,125人、率にして0.12％減少しました。人口は、2008年をピークに減少に転じ、以降歯止めがかかることなく人口減少問題は深刻さを増しています。

　しかし、都道府県別に人口の増減数を見ると、東京都では人口が増加していることがわかります。他県の増減数を見るとほとんどの県が減少しており、他県の転出者が東京都に転入していることが東京都の人口が増加し

第3章　相続対策で活用するなら東京23区内のワンルームマンションである

図表44　住民基本台帳に基づく人口、人口動態及び世帯数

都道府県名	2017年 人口			世帯数	増減数（A）-（B）	増減率
	男	女	計			
合計	62,394,275	65,512,811	127,907,086	57,477,037	-159,125	-0.12
北海道	2,537,340	2,833,467	5,370,807	2,761,826	-30,403	-0.56
青森県	627,006	696,855	1,323,861	589,887	-14,604	-1.09
岩手県	613,838	663,433	1,277,271	523,065	-12,199	-0.95
宮城県	1,131,759	1,187,679	2,319,438	980,808	-5,028	-0.22
秋田県	485,257	543,939	1,029,196	426,020	-13,819	-1.32
山形県	538,338	580,130	1,118,468	411,919	-11,092	-0.98
福島県	950,430	988,129	1,938,559	779,244	-15,140	-0.77
茨城県	1,482,072	1,478,386	2,960,458	1,221,978	-9,773	-0.33
栃木県	993,019	998,578	1,991,597	817,370	-7,267	-0.36
群馬県	988,955	1,009,320	1,998,275	831,970	-7,045	-0.35
埼玉県	3,679,223	3,664,584	7,343,807	3,212,080	20,394	0.28
千葉県	3,137,814	3,145,788	6,283,602	2,811,702	17,703	0.28
東京都	6,675,004	6,855,049	13,530,053	6,994,147	114,704	0.86
神奈川県	4,574,910	4,580,479	9,155,389	4,236,072	19,238	0.21
新潟県	1,116,170	1,184,753	2,300,923	890,293	-18,512	-0.80
富山県	520,105	554,600	1,074,705	414,865	-5,455	-0.51
石川県	558,006	595,621	1,153,627	478,395	-3,415	-0.30
福井県	385,110	409,323	794,433	289,825	-4,787	-0.60
山梨県	413,919	430,798	844,717	356,363	-5,067	-0.60
長野県	1,036,838	1,089,226	2,126,064	861,074	-11,602	-0.54
岐阜県	1,004,919	1,061,347	2,066,266	809,888	-9,929	-0.48
静岡県	1,855,174	1,901,691	3,756,865	1,557,733	-13,754	-0.36
愛知県	3,775,270	3,756,961	7,532,231	3,214,669	22,595	0.30
三重県	899,701	942,052	1,841,753	782,840	-8,275	-0.45
滋賀県	699,932	720,328	1,420,260	566,148	397	0.03
京都府	1,232,089	1,337,321	2,569,410	1,202,380	-5,432	-0.21
大阪府	4,283,835	4,577,602	8,861,437	4,223,735	-4,065	-0.05
兵庫県	2,689,585	2,916,960	5,606,545	2,507,945	-14,542	-0.26
奈良県	656,316	723,865	1,380,181	587,413	-7,637	-0.55
和歌山県	466,136	518,553	984,689	440,150	-9,628	-0.97
鳥取県	274,794	300,470	575,264	235,502	-4,045	-0.70
島根県	333,255	363,127	696,382	288,790	-5,012	-0.71

出所：総務省ホームページより作成

ている要因であると推定できます。

　ワンルームマンションでは、人口よりも単身世帯数の増加がより重要な視点となりますが、東京都では人口増加とともに単身世帯数も増加しています。

　「平成27年国勢調査人口等基本集計」（図表45参照）を見ると、東京都の世帯数は約669万世帯で2010年と比べて約30万世帯（4.8％）増加して

図表 45　一般世帯数及び一般世帯の1世帯当り人員（都道府県別）

表V－2－1　一般世帯数及び一般世帯の1世帯当たり人員－都道府県（2010年，2015年）

都道府県	世帯数 (千世帯)		2010年～2015年の増減		1世帯当たり人員 (人)		
	2015年	2010年	増減数 (千世帯)	増減率 (%)	2015年	2010年	2010年と2015年の差
全　　国	53,332	51,842	1,489	2.9	2.33	2.42	-0.09
北　海　道	2,438	2,418	20	0.8	2.13	2.21	-0.08
青　森　県	509	511	-2	-0.4	2.48	2.61	-0.13
岩　手　県	489	483	7	1.4	2.54	2.69	-0.15
宮　城　県	943	900	42	4.7	2.43	2.56	-0.13
秋　田　県	387	389	-2	-0.4	2.55	2.71	-0.16
山　形　県	392	388	5	1.2	2.78	2.94	-0.16
福　島　県	730	719	11	1.5	2.56	2.76	-0.21
茨　城　県	1,122	1,087	36	3.3	2.55	2.68	-0.14
栃　木　県	762	744	18	2.4	2.54	2.65	-0.11
群　馬　県	772	754	18	2.3	2.50	2.61	-0.12
埼　玉　県	2,968	2,838	130	4.6	2.41	2.50	-0.09
千　葉　県	2,605	2,512	92	3.7	2.35	2.44	-0.09
東　京　都	6,691	6,382	309	4.8	1.99	2.03	-0.04
神　奈　川	3,965	3,830	135	3.5	2.26	2.33	-0.06
新　潟　県	846	837	9	1.1	2.65	2.77	-0.12
富　山　県	390	382	8	2.1	2.66	2.79	-0.13
石　川　県	452	440	12	2.8	2.48	2.58	-0.11
福　井　県	279	275	4	1.5	2.75	2.86	-0.11
山　梨　県	330	327	3	1.0	2.47	2.58	-0.12
長　野　県	805	793	12	1.6	2.55	2.66	-0.12
岐　阜　県	752	736	16	2.2	2.65	2.78	-0.13
静　岡　県	1,427	1,397	30	2.2	2.54	2.65	-0.11
愛　知　県	3,060	2,930	130	4.4	2.41	2.49	-0.09
三　重　県	719	703	16	2.2	2.47	2.59	-0.12
滋　賀　県	537	517	20	3.8	2.59	2.69	-0.10
京　都　府	1,151	1,120	31	2.8	2.22	2.31	-0.09
大　阪　府	3,918	3,823	95	2.5	2.22	2.28	-0.07
兵　庫　県	2,312	2,253	60	2.7	2.35	2.44	-0.09
奈　良　県	529	523	7	1.3	2.52	2.63	-0.11
和　歌　山	391	393	-1	-0.4	2.40	2.50	-0.10
鳥　取　県	216	211	5	2.3	2.57	2.71	-0.14
島　根　県	264	261	3	1.2	2.53	2.66	-0.13
岡　山　県	771	753	18	2.4	2.43	2.52	-0.10
広　島　県	1,209	1,183	26	2.2	2.29	2.36	-0.07
山　口　県	597	596	1	0.2	2.27	2.36	-0.09
徳　島　県	305	302	3	1.1	2.39	2.52	-0.13
香　川　県	398	390	8	2.0	2.39	2.49	-0.10
愛　媛　県	591	590	1	0.2	2.28	2.37	-0.08
高　知　県	318	321	-3	-0.9	2.20	2.30	-0.10
福　岡　県	2,197	2,107	90	4.3	2.26	2.35	-0.09
佐　賀　県	301	294	7	2.3	2.67	2.80	-0.13
長　崎　県	558	557	1	0.3	2.37	2.47	-0.10
熊　本　県	703	686	16	2.4	2.46	2.57	-0.11
大　分　県	485	480	5	0.9	2.32	2.41	-0.09
宮　崎　県	461	459	2	0.5	2.31	2.40	-0.09
鹿　児　島	722	727	-5	-0.7	2.20	2.27	-0.07
沖　縄　県	559	519	40	7.7	2.50	2.63	-0.12

出所：総務省統計局ホームページより作成

第3章　相続対策で活用するなら東京23区内のワンルームマンションである

図表46　2060年までの東京の人口推計

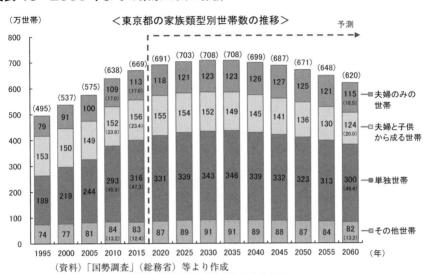

出所：東京都政策企画局ホームページより作成

います。なお、1世帯当たり人員が1.99人と2人を割り込んでいますが、単身者世帯が増加した影響であると、合理的に推測することができます。つまり、単身者世帯が増加しているとすれば、賃貸需要は必然的に高くなっていると言えます。

また、2015年の国勢調査より、東京都政策企画局が作成した「2060年までの東京の人口推計　東京都の家族類型別世帯数の推移」（図表46参照）というデータがあります。2060年までの東京の世帯数を家族類型別に予測したものです。

単独世帯数（単身者世帯数）は、2015年では316万世帯でしたが、2035年の346万世帯まで増加し続けると予想しています。2035年をピークに

79

減少に転じますが、2015年から40年後の2055年（313世帯）でもほぼ同水準をキープすると予想しています。したがって、単独世帯数（単身者世帯数）は、今後約40年にわたり現状以上の水準を維持するという予想が成り立ちます。

この予想は、単身者が入居者となる東京都のワンルームマンションの賃貸需要は、今以上に高まることを意味します。また、直接のデータはありませんが23区に的を絞れば、その傾向はさらに強くなるものと推測されます。

このように、ワンルームマンションは、将来にわたり安定した賃貸需要が見込めるため、低リスクで運用ができる不動産であると言えます。

それではなぜ、東京都では人口増加とともに単身世帯数も増加するのかを考えた場合、次のような要因があると考えられます。

（2）首都圏インフラ整備

国土交通省はじめとする各省庁や東京都は、2020年の東京オリンピック・パラリンピックに向けて、空港にアクセスする鉄道の整備、東京3環状道路の整備（図表47参照）、環状第2号線の整備（図表48参照）、バリアフリー化、公衆無線LANの整備などを推進しています。さらに、宿泊施設などの観光業の活発化、通訳などの雇用創出、多言語に対応した案内表示などの設備投資が見込まれ、経済の活性化に大きな役割を果たすものと期待されます。

東京3環状道路の整備については、東京オリンピック・パラリンピックの成功に不可欠なインフラ整備の一つです。とりわけ、重要な社会基盤として、東京都心部の渋滞解消や非常時の迂回機能確保、物流の活性化など、国際競争力向上に必要不可欠であると考えられています。また、環状2号

第3章　相続対策で活用するなら東京23区内のワンルームマンションである

図表47　東京3環状道路の整備

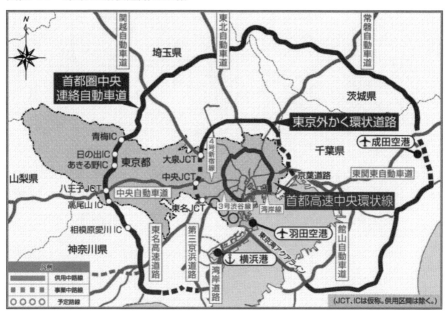

3環状（三環状）とは、「圏央道（首都圏中央連絡自動車道）」、「外環（東京外かく環状道路）」、「中央環状（首都高速道路中央環状線）」の3つの環状道路の総称

出所：東京都建設局ホームページ

線の整備については、臨海部と都心部を結ぶ交通・物流ネットワークの強化や渋滞緩和により、都内の移動の利便性が向上します。

　東京は、これらの道路整備によって交通面の都市機能が向上し、より生活しやすい都市になってゆくものと思われます。

　公衆無線LANの整備や多言語に対応した案内表示が充実すれば、東京オリンピック・パラリンピック向けたインバウンド需要に応えるだけでなく、外国人にとっても生活しやすい都市になってゆくことが予想されます。

図表 48　環状第２号線全体図

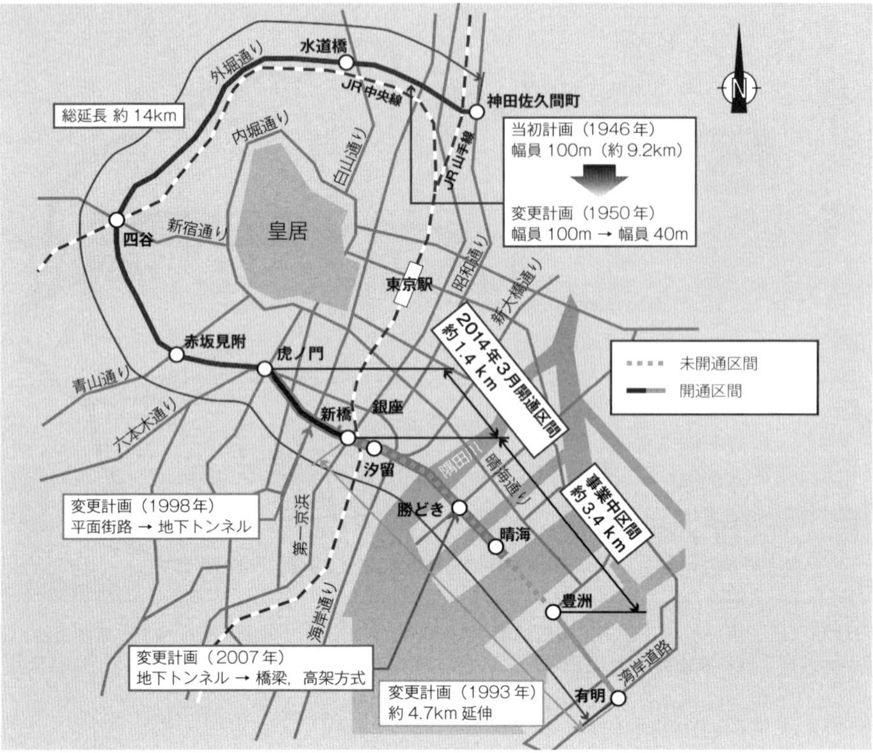

図中ラベル：
- 水道橋
- 外堀通り
- 内堀通り
- JR中央線
- 神田佐久間町
- 総延長 約14km
- JR山手線
- 当初計画（1946年）　幅員100m（約9.2km）
- 変更計画（1950年）　幅員100m → 幅員40m
- 四谷
- 新宿通り
- 皇居
- 白山通り
- 昭和通り
- 東京駅
- 新大橋通り
- 赤坂見附
- 虎ノ門
- 青山通り
- 未開通区間
- 開通区間
- 六本木通り
- 新橋
- 銀座
- 2014年3月開通区間 約1.4km
- 汐留
- 隅田川
- 晴海通り
- 事業中区間 約3.4km
- 変更計画（1998年）　平面街路 → 地下トンネル
- 東京湾
- 勝どき
- 晴海
- 海岸通り
- 豊洲
- 変更計画（2007年）　地下トンネル → 橋梁，高架方式
- 変更計画（1993年）　約4.7km延伸
- 有明
- 湾岸道路

出所：東京都建設局ホームページより作成

　また、公衆無線 LAN の普及が進むことで、どこでも気軽にインターネット経由で情報を得ることができるようになります。さらには、教育や防災のネットワークなどの公共の情報サービスも受けることができるようになります。

　東京オリンピック・パラリンピックを機にインフラ整備が充実しますので、都市競争力は高まり国内外から人が集まってくるものと期待されます。

　また、リニア中央新幹線（図表49参照）が、2027年に東京と名古屋間

第3章　相続対策で活用するなら東京 23 区内のワンルームマンションである

図表 49　リニア中央新幹線のルート

出所：国土交通省ホームページ

で開通し、その後大阪まで開通する予定となっています。開通すれば、ストロー効果により、東京にますます経済活動が集中するのではないかと言われています。

ストロー効果とは、2つの都市が交通網で結ばれたとき、交通網の「口」に当たる「吸引力の強い」都市に経済活動が集中し、「コップ」に当たる「吸い上げられる」都市の経済活動が逆に衰える現象を言います。東京オリンピック・パラリンピックに向けたインフラ整備だけでなく、このような様々な要因により、東京への人口流入はさらに加速してゆくのではないかと考えられます。

これらを総合的に勘案すれば、東京都内の賃貸需要はますます高まってゆくものと考えられます。

（3）東京の特区

東京都全域が、神奈川県全域、千葉県千葉市及び成田市とあわせて東京圏として「国家戦略特区」に指定されています。

「国家戦略特区」とは、"世界で一番ビジネスをしやすい環境"を作ることを目的に、地域や分野を限定することで、大胆な規制・制度の緩和や税制面の優遇を行う規制改革制度です。2013年度に関連する法律が制定され、2014年5月に最初の区域が指定されました。

東京都は、「2020年開催の東京オリンピック・パラリンピックも視野に、世界で一番ビジネスしやすい環境を整備することにより、世界から資金・人材・企業等を集める国際的ビジネス拠点を形成するとともに、創薬分野等における起業・イノベーションを通じ、国際競争力のある新事業を創出します」という国家戦略特区目標を掲げました。東京都はその他にも、2011年に「アジアヘッドクォーター特区」に指定されています。アジア地域の業務統括拠点や研究開発拠点のより一層の集積を目標としています。

東京都が、世界から資金・人材・企業等を集める国際的ビジネス拠点となれば、一段と賃貸需要は高まるものと思われます。

国家戦略特区目標を実現するために、国家戦略特区のメリットを積極的に活用して様々な取組みを進めています。このうち、ワンルームマンションの賃貸需要の将来性において注目すべき取組みがあります。それは、都市再生分野での「都市計画法等の特例」・「建築基準法の特例」と観光分野での「旅館業法の特例」を活用した取組みです。

① 「都市計画法等の特例」・「建築基準法の特例」

世界から資金・人材・企業等を集める国際的ビジネス拠点形成を図るためには、国際的ビジネス環境の整備が急務となります。

そのため、「都市計画法等の特例」の活用で、都心居住のための住宅、オフィスビル、コンベンション施設等の立地の促進を図っています。さらに、「建築基準法の特例」の活用で、容積率・用途等利用規制の見直しを

第3章　相続対策で活用するなら東京23区内のワンルームマンションである

図表50　再開発事業例

出所：新宿区ホームページ／港区ホームページ／渋谷区ホームページ／東京都
　　　都市整備局ホームページより作成

行い、スピーディーな環境整備を目指しています。

　このような背景から、複数エリアで高層オフィスビルが、再開発事業として既に始動しています（図表50参照）。このようなビルが完成するにしたがい、国際的ビジネス拠点として一層の経済活性化が期待できます。

再開発事業によるオフィスビルが増えれば、必然的にそこに勤務する人達も増えてきます。ワンルームマンションの入居者となる単身者の増加も今以上に期待でき、東京都の賃貸需要はますます高まってくるものと予想できます。

② 「旅館業法の特例」

「旅館業法の特例」いわゆる「特区民泊」とは、国家戦略特区内の自治体で、民泊条例を制定している自治体の中で行うことができる民泊です。特区内での民泊は、「一定の要件を満たす場合には旅館業法の規制を除外する」というものです。

ちなみに、住宅宿泊事業法（民泊新法）が、2018年6月15日に施行されました。特区民泊の最低宿泊日数が2泊3日であるのに対し、民泊新法では1日からでもよいとされました。しかしながら、年間営業日数は180日以下と決められましたので、ビジネス的には特区民泊に比べ不利となります。

いずれにせよ、東京オリンピック・パラリンピックを機に、今後ともインバウンド需要は増してくるものと思われます。インバウンド需要に応えるためには、従来の宿泊施設数では不足するため、民泊需要が一段と増加するものと思われます。

そうなってくれば、観光客相手に民泊運営する部屋や施設が増えてくるものと予想できます。また、相当数の賃貸物件や立地条件の良い物件が、民泊施設に転用されるケースも増えると予想されます。このような状況下では、相対的に賃貸需給のバランスに変化が生じ、家賃の値上がりが起こりえるということです。

第3章　相続対策で活用するなら東京 23 区内のワンルームマンションである

（4）大学や企業の一極集中

　大学や専門学校などの教育機関や企業が増えれば、賃貸需要も増加します。

　「平成 29 年度文部科学省学校基本調査　大学の都道府県別学校数及び学生数」（図表 51 参照）で見ると、東京が学校数及び学生数とも飛びぬけて高いことがわかります。

　また、1990 年代の後半より、学生の獲得や拠点の集約を図るため、大学の都心回帰が始まりました。東京女子大学、文京学院大学、東洋大学、共立女子短大、東京芸術大学、芝浦工業大学、帝京平成大学、國學院大學、青山学院大学、実践女子大学、東京理科大学などが一例です（図表 52 参照）。

　文部科学省は、2017 年 9 月に東京 23 区の大学新増設の抑制を打ち出し

図表 51　大学の都道府県別学校数及び学生数

区　　分	学　校　数				学　生　数		
	計	国　立	公　立	私　立	計		
					計	男	女
計	780	86	90	604	2,890,942	1,627,118	1,263,824
北　海　道	38	7	5	26	88,622	54,048	34,574
青　　　森	10	1	2	7	16,184	8,937	7,247
岩　　　手	6	1	1	4	12,709	7,287	5,422
宮　　　城	14	2	1	11	56,511	33,619	22,392
秋　　　田	7	1	3	3	10,085	5,969	4,116
山　　　形	6	1	2	3	13,120	7,237	5,883
福　　　島	8	1	2	5	15,442	10,690	4,752
茨　　　城	9	3	1	5	38,815	23,369	15,446
栃　　　木	9	1	−	8	22,182	12,328	9,854
群　　　馬	13	1	4	8	32,097	17,390	14,707
埼　　　玉	28	1	1	26	118,359	68,094	50,265
千　　　葉	27	1	1	25	111,882	68,335	43,547
東　　　京	138	12	2	124	754,565	407,785	346,780
神　奈　川	32	2	2	28	193,461	114,158	79,303
新　　　潟	18	3	3	12	31,553	18,206	13,347
富　　　山	5	1	1	3	11,772	7,258	4,514
石　　　川	12	2	3	7	29,942	19,168	10,774
福　　　井	6	1	2	3	10,981	7,045	3,936

出所：平成 29 年度文部科学省学校基本調査より作成

図表 52　大学の都心回帰の一例

年	大学名	移転先キャンパス	キャンパス所在地
1997 年	東京女子大学	善福寺キャンパス	杉並区善福寺
2005 年	文京学院大学	本郷キャンパス	文京区向丘
2005 年	東洋大学	白山キャンパス	文京区白山
2006 年	共立女子短大	一ツ橋キャンパス	千代田区一ツ橋
2006 年	東京芸術大学	千住キャンパス	足立区千住
2006 年	芝浦工業大学	キャンパス豊洲	江東区豊洲
2008 年	帝京平成大学	池袋キャンパス	豊島区東池袋
2009 年	國學院大學	渋谷キャンパス	渋谷区東
2013 年	青山学院大学	青山キャンパス	渋谷区青山
2014 年	実践女子大学	渋谷キャンパス	渋谷区東
2016 年	東京理科大学	神楽坂キャンパス	新宿区神楽坂

出所：株式会社 PIM

ましたが、既に東京に一極集中している現状は変わることはありません。

　「平成 26 年経済センサス - 基礎調査　都道府県別事業所数及び従業者数」（図表 53 参照）より都道府県別の事業所数を見ると、東京都が約 72 万 9 千事業所（全国の 12.3％）と最も多く、次いで大阪府が約 44 万 6 千事業所（同 7.5％）、愛知県が約 33 万 9 千事業所（同 5.7％）となっています。

　また、都道府県別の従業者数を見ると、東京都が約 965 万 7 千人（全国の 15.6％）と最も多く、次いで大阪府が約 472 万 9 千人（同 7.7％）、愛知県が約 398 万 4 千人（同 6.4％）となっています。東京都が、事業所数及び従業者数とも飛び抜けて高いことがわかります。さらに、東京都「グラフィック東京の産業と雇用就業 2018」（図表 54 参照）を見ると、資本金 10 億円以上企業数の 50.8％、また外資系企業数の 76.3％が、東京に本社を置

第3章　相続対策で活用するなら東京 23 区内のワンルームマンションである

図表 53　都道府県別事業所数及び従業者数

都道府県	事業所数	全国に占める割合（％）	従業者数	全国に占める割合（％）
全国	5,926,804	100.0	61,788,853	100.0
北海道	252,036	4.3	2,445,372	4.0
青森県	62,963	1.1	575,797	0.9
岩手県	63,093	1.1	595,288	1.0
宮城県	106,438	1.8	1,100,860	1.8
秋田県	53,593	0.9	465,227	0.8
山形県	60,110	1.0	530,727	0.9
福島県	93,299	1.6	873,753	1.4
茨城県	125,804	2.1	1,321,449	2.1
栃木県	93,428	1.6	931,021	1.5
群馬県	97,750	1.6	967,945	1.6
埼玉県	264,561	4.5	2,760,890	4.5
千葉県	208,949	3.5	2,281,323	3.7
東京都	728,710	12.3	9,657,306	15.6
神奈川県	323,506	5.5	3,725,924	6.0
新潟県	122,378	2.1	1,125,360	1.8
富山県	56,188	0.9	551,401	0.9
石川県	64,968	1.1	589,321	1.0
福井県	45,272	0.8	408,503	0.7
山梨県	46,293	0.8	400,762	0.6
長野県	115,539	1.9	1,020,500	1.7
岐阜県	106,590	1.8	955,767	1.5
静岡県	185,519	3.1	1,857,811	3.0
愛知県	338,644	5.7	3,984,108	6.4
三重県	85,244	1.4	876,974	1.4
滋賀県	60,552	1.0	657,735	1.1
京都府	127,561	2.2	1,242,107	2.0
大阪府	446,119	7.5	4,729,325	7.7
兵庫県	237,177	4.0	2,386,185	3.9
奈良県	51,627	0.9	486,777	0.8
和歌山県	51,459	0.9	420,219	0.7
鳥取県	28,556	0.5	260,664	0.4
島根県	38,306	0.6	329,036	0.5
岡山県	88,332	1.5	884,932	1.4
広島県	138,703	2.3	1,397,102	2.3
山口県	67,467	1.1	644,204	1.0
徳島県	40,140	0.7	345,609	0.6
香川県	51,340	0.9	481,238	0.8
愛媛県	69,844	1.2	627,644	1.0
高知県	39,343	0.7	322,493	0.5
福岡県	232,701	3.9	2,389,165	3.9
佐賀県	40,450	0.7	387,835	0.6
長崎県	67,074	1.1	619,313	1.0
熊本県	81,840	1.4	782,561	1.3
大分県	57,778	1.0	532,704	0.9
宮崎県	56,479	1.0	500,829	0.8
鹿児島県	82,752	1.4	747,966	1.2
沖縄県	70,329	1.2	609,821	1.0

出所：総務省統計局ホームページ　平成 26 年経済センサス - 基礎調査

図表 54　グラフィック 東京の産業と雇用就業 2018

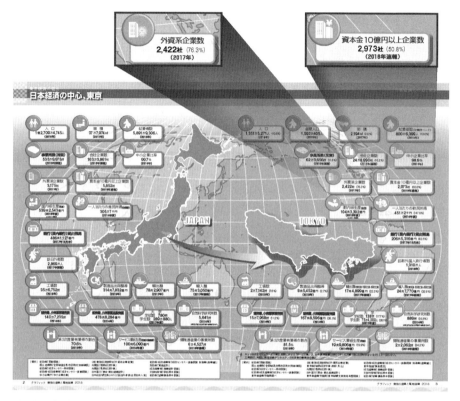

出所：東京都産業労働局ホームページより作成

いています。このように、東京に企業が集中している様子がうかがえます。

（5）留学生 30 万人計画と外国人留学生の増加

　2008 年に文部科学省は、「日本を世界により開かれた国とし、アジア、世界との間のヒト・モノ・カネ・情報の流れを拡大する「グローバル戦略」

第3章　相続対策で活用するなら東京23区内のワンルームマンションである

展開の一環として位置付け、2020年を目途に30万人の受入れを目指す」
とする「留学生30万人計画」を発表しました。

　このような推進効果もあり、「平成28年独立行政法人日本学生支援機構
外国人留学生の増加数及び伸び率」（図表55参照）を見ると、順調な増加
率となっています。

　大学数の多い東京は、今後も外国人留学生が増えることが予想されます。
宗教や文化、生活習慣やルールの違いもあり、ハードルが高いところがあ
りますが、今後外国人留学生などの賃貸ニーズも期待できます。

図表55　外国人留学生の増加数及び伸び率

年	留学生数（高等教育機関＋日本語教育機関）	増加数	前年比	高等教育機関留学生数	増加数	前年比	日本語教育機関留学生数	増加数	前年比
2011年	163,697人	−	−	138,075人	▲3,699人	▲2.6%	25,622人	−	−
2012年	161,848人	▲1,849人	▲1.1%	137,756人	▲319人	▲0.2%	24,092人	▲1,530人	▲6.0%
2013年	168,145人	6,297人	3.9%	135,519人	▲2,237人	▲1.6%	32,626人	8,534人	35.4%
2014年	184,155人	16,010人	9.5%	139,185人	3,666人	2.7%	44,970人	12,344人	37.8%
2015年	208,379人	24,224人	13.2%	152,062人	12,877人	9.3%	56,317人	11,347人	25.2%
2016年	239,287人	30,908人	14.8%	171,122人	19,060人	12.5%	68,165人	11,848人	21.0%

各年5月1日現在

出所：独立行政法人日本学生支援機構ホームページより作成

（6）ワンルームマンション規制

建築指導要綱などによるワンルームマンション規制は、1975〜85年代からありましたが、2002〜03年頃からは内容が強化され条例化等の規制が図られるようになりました。東京都においても規制強化の動きが広がり、現在では23区全てにおいて、条例または指導要綱による規制が行われています。

ワンルームマンション規制の内容としては、「専有面積25㎡以上・ファミリー向け住戸の設置」などの建築規制が挙げられます。これが、ワンルームマンションの供給面で、大きなマイナス要因となっています。

東京の単身者数は増加を続けており、単身者が入居者となるワンルームマンションの需要も比例して増加しています。ところが、東京23区ではワンルームマンション規制があるため、供給が需要に追いついていない状況です。

現状も将来的にも、ワンルームマンションの需要面にとって、ここまで説明したような様々な増加要因が存在しています。そうなると、供給の制限で需給のバランス上、東京23区のワンルームマンション経営にとって、家賃の上昇などプラスに働くのではないかと考えられます。

ちなみに、ワンルームマンションの入居者となる単身者は、①ファミリー世帯に比べ、引越しまでの期間が短いため住民として定着しない、②単身者のゴミ出しのマナーの悪さ、③自転車の路上駐輪などの問題化、④地域の活動に参加しない傾向にあり、地域活動が停滞する恐れがある、などの理由でワンルームマンションの規制が始まりました。しかし、本質的な理由は、住民票を置かない住民が多く、住民税を課すことができないためと言われています。

第3章　相続対策で活用するなら東京23区内のワンルームマンションである

（7）「東京23区内だから」だけでよいわけではない、重視するべきは立地条件

　ワンルームマンションの購入を決める際、東京23区内であればどれでもよいわけではありません。

　重視するべきは立地条件であると言えます。なぜなら、入居者は実際にそこで生活してゆくので、便利で生活しやすい立地条件にある物件を選ぶからです。つまり、好立地にある物件を購入することが重要になります。

　好立地にある物件を目利きするポイントとしては、「ターミナル駅にアクセスしやすく」、「最寄り駅から徒歩10分以内」にあることです。また、物件の周辺や最寄り駅からのルート上に、「スーパーマーケットやコンビニエンスストア、ドラッグストアなどの生活必需品が買える場所」や「飲食店」などがあることが、重要なポイントとなります。さらに、「銀行や郵便局」、「クリーニング店」などがあることも見逃せないポイントです。

　このような、好立地にある物件を購入しなければ、空室リスクや家賃下落リスクを抑えることはできません。

　また、安定した収入を得るためには、物件の目利きをすることが重要ですが、かつエリア内の競合状況を見ておく必要があります。

　たとえば、既に賃貸物件が多いエリアや今後増えそうなエリアである場合には、注意が必要です。立地条件が良くて入居者は確保できたとしても、家賃の価格競争が起こる可能性があると言えます。

　実際の優良物件選びにはさらに多くのポイントや注意すべき事項があります。具体的に検討する場合は、ワンルームマンション専門の優良な不動産販売会社に相談することをお勧めします。私の顧問契約先である株式会社PIMは、入居率も97％〜98％を維持しており、安心して相談できる1社です。

93

③ "検証" 本当に東京 23 区内の ワンルームマンションでよいのか

（1）実質利益はプラスとなるのか

　相続対策では、資産 1 億だったものを資産 1 億以上の価値で渡せるよう、資産運用ができることや現金化できることを考える必要があります（図表 56 参照）。

　東京 23 区内のワンルームマンションが、現金化できることについては特段の事情が生じない限りおよそ問題はありません。といえども、収益性の裏付けとして、「賃料収入の合計額」が築年数の経過による「物件価格の下落」と「賃料の下落」をカバーして、実質的な利益がプラスとなるのか検証しておく必要があります。

　一般的には、地域を問わずファミリー向け等も含めたマンション全体で捉えた場合、年間 1 ～ 2 ％の割合で価格が、また賃料においては年間 1 ％程度下落してゆくと言われています。

　残念ながら、東京 23 区内のワンルームマンションの築年数の経過による価格と賃料の推移が確認できるデータは公表されていません。

　そこで、独自に東京 23 区内のワンルームマンションに的を当て、価格と賃料が築年数の経過でどのように推移してゆくのか検証してみました。

　基本データの抽出については、私の顧問契約先の株式会社 PIM に協力していただき、レインズ（不動産流通標準情報システム）から検索しました。使用したデータは、都心部の売却登録中古ワンルームマンションから、恣意性を排除し 250 件ランダムに抽出したものです。都心部とした理由は、東京 23 区内でも好立地にある物件が多く存在するためです。

第3章　相続対策で活用するなら東京23区内のワンルームマンションである

図表56　実質的な資産価値を目減りさせない

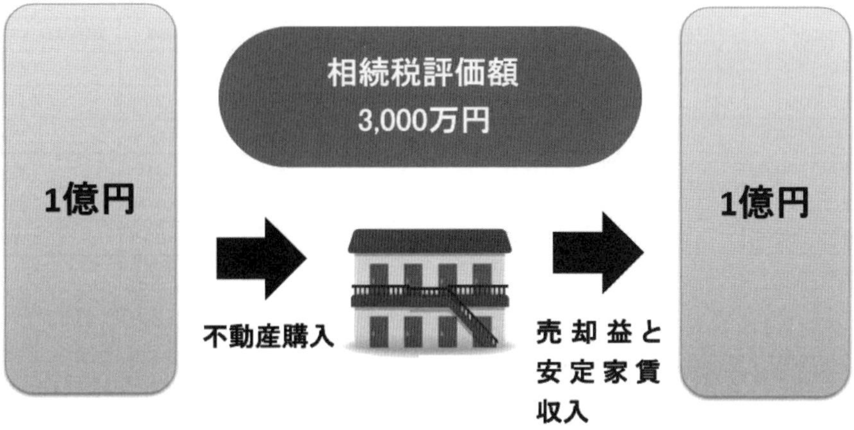

相続税評価額
3,000万円

1億円

不動産購入

売却益と
安定家賃
収入

1億円

出所：株式会社PIM

　まず、築年数5年経過ごと（築26〜35年はデータが少ないため10年）に、㎡単価・㎡当りの賃料を割り出し、経過期間ごとの下落率を計算しました。そのうえで、経過年数ごとの下落率を加味した価格と賃料からコストを差し引いた実質収入を基に、経過年数ごとの予想実質利益をシミュレーションいたしました。

　また、築年の古い物件は床面積が狭い物件もあり、現在の一般的な床面積に合わせるため25㎡以上30㎡までの物件を抽出しています。

　ただし、現時点での中古価格・賃料のデータであり、新築価格からの築年経過ごとのデータを追跡したものではないことに留意していただきたいと思います。

① **マンション築年数㎡単価推移及び下落率（図表57参照）**
　築11〜15年を節目に5年間の期間下落率8.5％（期間平均下落率1.7％）

95

図表 57　中古マンション築年数㎡単価推移及び下落率

(単位：千円)

	価格	面積㎡	㎡単価	期間下落率	累計下落率	期間平均下落率
築 0 〜 5 年	28,894	25.66	1,126			1.5%
築 6 〜 10 年	24,745	23.82	1,039	7.7%	7.7%	0.7%
築 11 〜 15 年	22,892	22.88	1,001	3.7%	11.4%	1.7%
築 16 〜 20 年	20,693	22.61	915	8.5%	20.0%	1.6%
築 21 〜 25 年	17,000	20.19	842	8.0%	28.0%	1.6%
築 26 〜 35 年	18,213	23.55	773	8.2%	36.1%	1.4%
築 35 〜	14,776	22.33	662	14.4%	50.5%	

図表 58　中古マンション築年数㎡当り賃料推移及び下落率

	㎡当り賃料	期間下落率	累計下落率	期間平均下落率
築 0 〜 5 年	4,606			0.4%
築 6 〜 10 年	4,509	2.1%	2.1%	0.3%
築 11 〜 15 年	4,449	1.3%	3.4%	0.8%
築 16 〜 20 年	4,271	4.0%	7.4%	0.9%
築 21 〜 25 年	4,075	4.6%	12.0%	0.9%
築 26 〜 35 年	3,902	4.3%	16.3%	0.1%
築 35 〜	3,852	1.3%	17.6%	

と下落率が増えてゆき、築 20 年では価格は 20% 落込み、築 35 年経過すると約半額になるとの結果となりました。

② 　マンション築年数㎡当り賃料推移及び下落率（図表 58 参照）

　築 11 〜 15 年を節目に 5 年間の期間下落率 4.0%（期間平均下落率 0.8%）と下落率が増えてゆき、築 25 年までをピークに下落が続き、築 25 年以降は下落にブレーキがかかり、思うほど下落していかないとの結果となりました。

第3章　相続対策で活用するなら東京23区内のワンルームマンションである

③　実質利益シミュレーション（図表59参照）

【前提条件】

シミュレーションスタート価格…2,500万円

利回り……………………………… 4 ％

月間賃料……………………………8.3万円

月間管理費…………………………1.2万円

月間修繕積立金……………………1 〜 4 年目1.3千円、 5 〜 9 年目4.4
　　　　　　　　　　　　　　　　千円、10年目以降9千円

不動産取得税・諸経費等…………50万円

固定資産税………………………… 8 万円（年度経過ごとの減少額が少額で
　　　　　　　　　　　　　　　　影響ないため一定として試算）

　①②から 5 年スパンの期間下落率から 1 年ごとの期間平均下落率を割り
出します。期間平均下落率を 1 年ごとに累計し、 1 年ごとの価格下落額と
年間賃料を計算します。その年間賃料から経費等を差し引いて実質収入を
計算します。そして、実質収入から価格下落額を差し引けば、実質利益を
計算することができます。このようにして計算した築年数ごとの実質利益
の推移を表にしたものが図表59です。

　35年目には、738万円の実質利益を上げることが、シミュレーション上
確認することができました。

　シミュレーションの結果をグラフにしたものが図表60です。価格と累
計実質収入の推移を一見すると、購入後10年目の売却が資金効率的に良
いと見て取れます。しかしながら、11年目以降もコツコツと実質利益が
積み上がってゆきますので、収益物件して長期にわたり所有し続けるメ
リットは大きいと思います。

97

図表59 実質利益シミュレーション

(単位：千円)

シミュレーションスタート価格	25,000	利回り	4%	月間管理費	300	不動産取得税	12	月間修繕積立金	1年目～	5年目～	10年目～
		月間賃料	83						1.3	4.4	9

	価格	累計下落率	累計下落額①	年間賃料	累計下落率	諸費用	不動産取得税	年間管理費	年間修繕積立金	固定資産税	実質収入	累計実質収入②	累計実質利益②-①
1年目	24,613	1.5%	387	992	0.4%	300	200	144	16	80	252	252	-135
2年目	24,226	3.1%	774	988	0.8%			144	16	80	748	999	225
3年目	23,838	4.6%	1,162	983	1.3%			144	16	80	743	1,743	581
4年目	23,451	6.2%	1,549	979	1.7%			144	16	80	739	2,482	933
5年目	23,064	7.7%	1,936	975	2.1%			144	53	80	698	3,180	1,244
6年目	22,891	8.4%	2,109	972	2.4%			144	53	80	695	3,875	1,766
7年目	22,706	9.2%	2,294	970	2.6%			144	53	80	693	4,568	2,274
8年目	22,522	9.9%	2,478	967	2.9%			144	53	80	690	5,258	2,780
9年目	22,337	10.7%	2,663	965	3.2%			144	53	80	688	5,946	3,283
10年目	22,153	11.4%	2,847	962	3.4%			144	53	80	685	6,631	3,784
11年目	21,724	13.1%	3,276	954	4.2%			144	108	80	622	7,253	3,977
12年目	21,297	14.8%	3,703	946	5.0%			144	108	80	614	7,867	4,165
13年目	20,871	16.5%	4,129	938	5.8%			144	108	80	606	8,474	4,345
14年目	20,445	18.2%	4,555	930	6.6%			144	108	80	598	9,072	4,517
15年目	20,018	19.9%	4,982	922	7.4%			144	108	80	590	9,662	4,680
16年目	19,625	21.5%	5,375	913	8.3%			144	108	80	581	10,243	4,868
17年目	19,225	23.1%	5,775	904	9.2%			144	108	80	572	10,815	5,040
18年目	18,825	24.7%	6,175	895	10.2%			144	108	80	563	11,378	5,203
19年目	18,425	26.3%	6,575	886	11.1%			144	108	80	554	11,932	5,357
20年目	18,025	27.9%	6,975	877	12.0%			144	108	80	545	12,477	5,502
21年目	17,617	29.5%	7,383	868	12.9%			144	108	80	536	13,013	5,630
22年目	17,210	31.2%	7,790	859	13.7%			144	108	80	527	13,540	5,750
23年目	16,802	32.8%	8,198	851	14.6%			144	108	80	519	14,059	5,861
24年目	16,395	34.4%	8,605	842	15.4%			144	108	80	510	14,569	5,964
25年目	15,987	36.1%	9,013	834	16.3%			144	108	80	502	15,071	6,059
26年目	15,614	37.5%	9,386	832	16.4%			144	108	80	500	15,572	6,186
27年目	15,253	39.0%	9,747	831	16.6%			144	108	80	499	16,071	6,324
28年目	14,892	40.4%	10,108	830	16.7%			144	108	80	498	16,569	6,461
29年目	14,531	41.9%	10,469	829	16.8%			144	108	80	497	17,065	6,597
30年目	14,170	43.3%	10,830	827	16.9%			144	108	80	495	17,561	6,731
31年目	13,809	44.8%	11,191	826	17.1%			144	108	80	494	18,055	6,864
32年目	13,448	46.2%	11,552	825	17.2%			144	108	80	493	18,548	6,996
33年目	13,087	47.7%	11,913	824	17.3%			144	108	80	492	19,039	7,126
34年目	12,726	49.1%	12,274	822	17.4%			144	108	80	490	19,529	7,256
35年目～	12,365	50.5%	12,635	821	17.6%			144	108	80	489	20,018	7,384

第3章　相続対策で活用するなら東京23区内のワンルームマンションである

図表60　築年数ごとの価格・収入累計額推移グラフ

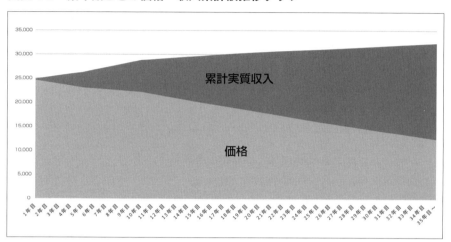

（2）もしもリーマンショック級の下落要因が発生したら

　リーマンショック級の下落要因が購入直後にでも起こった場合、価格や賃料に与える影響がどの程度のものか当然不安になるところです。そこで、過去のデータを用いて推定することとしました。

　価格については、「国土交通省平成28年度住宅経済関連データ　首都圏マンション平均価格推移」から影響度合いを推定しました。賃料については、「総務省統計局小売物価統計調査（動向編）　調査品目の月別価格及び年平均価格　3001民営家賃」の、1991年から2016年までの東京都区部の年平均1カ月当りの坪（3.3㎡）単価家賃から影響度合いを推定しました。

① **リーマンショック後の価格下落影響率（図表 61 参照）**

　首都圏マンション平均価格推移（国土交通省平成 28 年度住宅経済関連データ）のグラフを見ると、2008 年の 4,775 万円から 2009 年の 4,535 万円となり、2012 年まで横ばいのなべ底を打った形となっています。

　このグラフから、リーマンショック後の価格下落影響率を推定すると、(4,775 − 4,535) ÷ 4,775 × 100 = 5.03% であったと見ることができます。

② **リーマンショック以降、2016 年に至る家賃下落率**

　総務省統計局小売物価統計調査（動向編）から、1991 年から 2016 年までの東京都区部の年平均 1 カ月当りの坪（3.3㎡）単価家賃をピックアップし、表にしたものとグラフ化したものが図表 62 となります。

　2007 年の 9,296 円から直近の 2016 年の 8,620 円まで下げ続けている形となっています。

　ただし、2015 年の 8,620 円と 1 年後の 2016 年の 8,631 円の推移から、ほぼ下げ止まったと仮定して、リーマンショック以降の賃料下落影響率を推定すると、(9,296 − 8,620) ÷ 9,296 × 100 = 7.27% となります。

図表 61　首都圏マンション平均価格推移

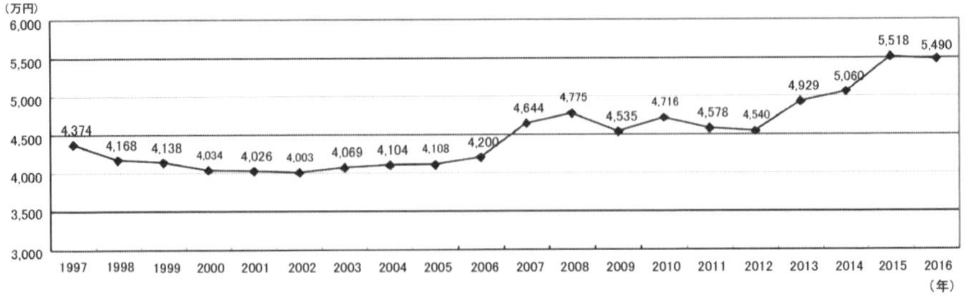

出所：国土交通省「平成 28 年度　住宅経済関連データ」より作成

第3章　相続対策で活用するなら東京23区内のワンルームマンションである

図表 62　東京都区部の家賃推移

品目	家　賃（民営借家）	銘柄	民営家賃	単位	1か月・3.3㎡

都　　市
東京都区部

年	年平均月当り 単価家賃
1991	7,606
1992	7,882
1993	8,372
1994	8,502
1995	8,498
1996	8,474
1997	8,502
1998	8,743
1999	8,743
2000	8,680
2001	8,614
2002	8,554
2003	9,294
2004	9,286
2005	9,230
2006	9,217
2007	9,296
2008	9,059
2009	9,031
2010	9,002
2011	8,937
2012	8,834
2013	8,758
2014	8,704
2015	8,631
2016	8,620

年平均月当り単価家賃

★リーマンショック以降、2016 年に至る家賃下落率（9,296 － 8,620）÷ 9,296 = **7.27%**

出所：総務省統計局小売物価統計調査（動向編）より作成

③　リーマンショック級のマイナス要因を加味したらどうなるのか

　図表 63・図表 64 は、リーマンショック級の出来事が購入 1 年目に発生したらどうなるかという前提で、（1）③実質利益シミュレーション（97 頁参照）に①②から得た価格下落影響率 5.03％、賃料下落影響率 7.27％をストレス付加したシミュレーションとそのグラフです。

　5 年目までは実質利益はマイナスとなりますが、6 年目以降は着実に利益を積み上げ、35 年目には、358 万円の実質利益を上げることが、シミュレーション上確認することができました。

101

図表63 実質利益シミュレーション（1年内にリーマンショック並みの下落要因があった場合／価格下落率5.03%、家賃下落率7.27%）

（単位：千円）

購入時価格	25,000
利回り	4%
月間賃料	83
月間管理費	12

月間修繕積立金	1年目～	5年目～	10年目～
	1.3	4.4	9

	価格	累計下落率	累計下落額	年間賃料	累計下落率	諸費用	不動産取得税	年間管理費	年間修繕積立金	固定資産税	実質賃収入	累計実質賃収入②	累計実質利益②−①
1年目	23,355	6.6%	1,645	919	7.7%	300	200	144	16	80	179	179	-1,465
2年目	22,968	8.1%	2,032	915	8.1%			144	16	80	675	855	-1,177
3年目	22,581	9.7%	2,419	911	8.5%			144	16	80	671	1,526	-894
4年目	22,194	11.2%	2,806	907	9.0%			144	16	80	667	2,192	-614
5年目	21,807	12.8%	3,193	903	9.4%			144	53	80	626	2,818	-376
6年目	21,622	13.5%	3,378	900	9.6%			144	53	80	623	3,441	63
7年目	21,438	14.2%	3,562	897	9.9%			144	53	80	620	4,061	499
8年目	21,253	15.0%	3,747	895	10.2%			144	53	80	618	4,679	932
9年目	21,069	15.7%	3,931	892	10.4%			144	53	80	615	5,294	1,363
10年目	20,885	16.5%	4,115	889	10.7%			144	53	80	612	5,906	1,791
11年目	20,458	18.2%	4,542	881	11.5%			144	108	80	549	6,456	1,914
12年目	20,032	19.9%	4,968	874	12.3%			144	108	80	542	6,997	2,029
13年目	19,606	21.6%	5,394	866	13.1%			144	108	80	534	7,531	2,136
14年目	19,179	23.3%	5,821	858	13.9%			144	108	80	526	8,056	2,236
15年目	18,753	25.0%	6,247	850	14.7%			144	108	80	518	8,574	2,327
16年目	18,353	26.6%	6,647	840	15.6%			144	108	80	508	9,082	2,435
17年目	17,953	28.2%	7,047	831	16.5%			144	108	80	499	9,582	2,535
18年目	17,553	29.8%	7,447	822	17.5%			144	108	80	490	10,072	2,625
19年目	17,153	31.4%	7,847	813	18.4%			144	108	80	481	10,553	2,706
20年目	16,753	33.0%	8,247	804	19.3%			144	108	80	472	11,025	2,778
21年目	16,346	34.6%	8,654	795	20.1%			144	108	80	463	11,488	2,834
22年目	15,938	36.2%	9,062	787	21.0%			144	108	80	455	11,943	2,881
23年目	15,531	37.9%	9,469	778	21.8%			144	108	80	446	12,390	2,920
24年目	15,123	39.5%	9,877	770	22.7%			144	108	80	438	12,827	2,950
25年目	14,715	41.1%	10,285	761	23.6%			144	108	80	429	13,257	2,972
26年目	14,355	42.6%	10,645	760	23.7%			144	108	80	428	13,685	3,040
27年目	13,994	44.0%	11,006	759	23.8%			144	108	80	427	14,112	3,105
28年目	13,633	45.5%	11,367	758	23.9%			144	108	80	426	14,538	3,170
29年目	13,272	46.9%	11,728	756	24.1%			144	108	80	424	14,962	3,234
30年目	12,911	48.4%	12,089	755	24.2%			144	108	80	423	15,385	3,296
31年目	12,550	49.8%	12,450	754	24.3%			144	108	80	422	15,807	3,357
32年目	12,189	51.3%	12,811	753	24.4%			144	108	80	421	16,227	3,416
33年目	11,828	52.7%	13,172	751	24.6%			144	108	80	419	16,647	3,474
34年目	11,467	54.1%	13,533	750	24.7%			144	108	80	418	17,065	3,532
～35年目	11,106	55.6%	13,894	749	24.8%			144	108	80	417	17,481	3,587

第3章　相続対策で活用するなら東京23区内のワンルームマンションである

図表64　築年数ごとの価格・収入累計額推移グラフ（1年内にリーマンショック並みの下落要因があった場合／価格下落率5.03%、家賃下落率7.27%）

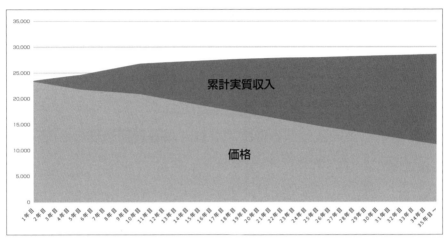

　以上のシミュレーションは、特定の限定的なデータを使用しております。また、価格については、その時々におけるマーケットのすべての事象を織り込んで形成されるものであります。それゆえ、このシミュレーションの結果において将来を予想し断定するものではありません。

　相続対策で、東京23区内のワンルームマンションの活用を検討される際の判断材料の一つとして見ていただければ幸いです。

（3）火災や地震が起きたらどうなるのか

　火災や地震が発生してしまったら価値が目減りすることが心配となります。火災保険の加入により、火災が起きたとしてもRC構造のため、延焼がなく保険で復活が可能です。

地震による被害の備えとして地震保険に加入することも検討する必要が
あります。ただし、現状の加入率は低いようです。その理由としては次の
ようなことが考えられます。

　ワンルームマンションは、安全性の高い RC 構造で、さらに間仕切りが
多いため耐性が高いことです。また、補償額は火災保険の半分が上限とな
るため、費用対効果を考えてのことかもしれません。

（4）意外と多い敬遠する理由 "クレーム等賃貸管理の心配"

　優良物件を手に入れたとしても、入居者が退室してしまえば、できるだ
け迅速に入居者の募集をして、新しい入居者をつけなければなりません。

　また、入居者からの備品の故障等のクレーム対応も生じてきます。これ
らは、見えないコストであり、意外と多い敬遠する理由となっています。

　この見えないコストをみえる化し、毎月定額の手数料で賃貸管理を行う
会社もあります。さらに、家賃の集金代行または滞納保証、設備保証まで
してくれる会社もありますので比較してみるのもよいでしょう。

第4章

「相続時精算課税制度」と
「ワンルームマンション」が
超速で360°の相続対策を
可能にする!

① 相続時精算課税制度とは

　相続時精算課税制度（図表 65 参照）とは、原則として 60 歳以上の父母または祖父母から、20 歳以上の子または孫に対し、財産を贈与した場合において選択できる贈与税の制度です。この制度は、消費を拡大するため、親から消費をする子の世代への贈与をスムーズにするようにという目的でつくられました。

　この制度を選択する場合には、贈与を受けた年の翌年の 2 月 1 日から 3 月 15 日の間に一定の書類を添付した贈与税の申告書を提出する必要があります。

　なお、この制度を選択すると、その選択に係る贈与者から贈与を受ける財産については、その選択をした年分以降全てこの制度が適用され、暦年課税へ変更することはできません。

　また、この制度の贈与者である父母または祖父母が亡くなった時の相続税の計算上、相続財産の価額にこの制度を適用した贈与財産の価額（贈与時の時価）を加算して相続税額を計算します。なお、贈与財産の種類、金額、贈与回数に制限はありません。

　具体的な贈与税及び相続税の計算については次のようになります。

　まず、贈与税額の計算ですが、相続時精算課税の適用を受ける贈与財産については、その選択をした年以後、相続時精算課税に係る贈与者以外の者からの贈与財産と区分して、1 年間に贈与を受けた財産の価額の合計額を基に贈与税額を計算します。

　その贈与税の額は、贈与財産の価額の合計額から、複数年にわたり利用できる特別控除額（限度額：2,500 万円。ただし、前年以前におい

第4章 「相続時精算課税制度」と「ワンルームマンション」が超速で360°の相続対策を可能にする！

図表65 相続時精算課税のしくみ

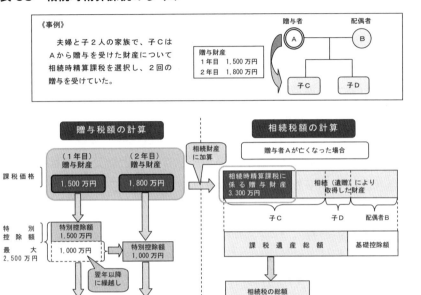

出所：国税庁ホームページ

て、既にこの特別控除額を控除している場合は、残額が限度額となります）。を控除した後の金額に、一律20％の税率を乗じて算出します。

　なお、相続時精算課税を選択した受贈者が、相続時精算課税に係る贈与者以外の者から贈与を受けた財産については、その贈与財産の価額の合計額から暦年課税の基礎控除額110万円を控除し、贈与税の税率を適用し贈与税額を計算します。

　注意点として、相続時精算課税に係る贈与税額を計算する際には、暦年課税の基礎控除額110万円を控除することはできませんので、贈与を受けた財産が110万円以下であっても贈与税の申告をする必要があります。

　相続税額の計算ですが、『相続時精算課税を選択した者に係る相続税額』は、相続時精算課税に係る贈与者が亡くなった時に、『それまでに贈与を受けた相続時精算課税の適用を受ける贈与財産の価額』と『相続や遺贈により取得した財産の価額』とを『合計した金額を基に計算した相続税額』から、『既に納めた相続時精算課税に係る贈与税相当額を控除』して算出します。

　その際、相続税額から控除しきれない相続時精算課税に係る贈与税相当額については、相続税の申告をすることにより還付を受けることができます。なお、相続財産と合算する贈与財産の価額は、贈与時の価額とされています。

　以上は、国税庁タックスアンサー　No.4103「相続時精算課税の選択」からの抜粋となります。

　相続時に相続時精算課税の適用を受ける贈与財産の価額と相続や遺贈により取得した財産の価額とを合計しても相続税が発生しないと想定される場合は、使い勝手が良い制度です。

第4章　「相続時精算課税制度」と「ワンルームマンション」が超速で360°の相続対策を可能にする！

　相続時精算課税を簡潔にまとめると、2,500万円まで非課税で贈与可能となり、早期に多額の財産を贈与することができるということです。

　例えば、親が金融資産で評価額が低くなる不動産を取得し、その不動産を生前に贈与する等の相続対策としての応用も可能となります。

　また、東京23区内のワンルームマンションのような、収益物件の贈与であれば贈与後の収益は受贈者のものとなり、贈与者のさらなる財産の増加を防ぐことができます。

　さらに、相続させたい財産を将来の相続人に生前に贈与しておくことで、言わば財産に名札がついている状態となっているため、争族対策にも有効です。

　他にも、相続税額を計算する際、相続財産と合算する贈与財産の価額は、贈与時の価額とされています。将来のことはわかりませんが、もし値上がりした場合、値上がり分の相続税を節税することも期待できます。

　ただし、注意点として頭に入れておかなければならないデメリットをまとめると次のようになります。

　①相続時精算課税制度を選択すると、その選択に係る贈与者から贈与を受ける財産については、その選択をした年分以降全てこの制度が適用され、暦年課税へ変更することはできません。よって、毎年110万円の非課税枠は使えなくなります。

　②相続時精算課税に係る贈与により取得した宅地等については、小規模宅地等の特例の適用を受けることができなくなります。

　③相続時精算課税制度を適用した贈与財産は、物納が認められていません。

　④相続による所有権移転登記の登録免許税の税率は0.4％ですが、贈与だと2％となり5倍のコストがかかってしまいます。さらに、不動産取得税も発生するためコストが増加します。

109

以上のように、メリットも大きいですが、多くのデメリットが存在するため、どちらが得になるのかを検討するのは非常に難しい判断となります。具体的に検討する場合は、相続税が専門の税理士に相談することをお勧めします。

② 多額の贈与を可能とし、争族をも回避し、納税資金の確保も可能にする

　相続時精算課税制度を利用した生前贈与で、多額の贈与を可能とし、争族をも回避し、納税資金の確保も可能にする手法をご紹介します。

　その手法とは、「相続時精算課税制度」と「ワンルームマンション」の合わせ技であるということになります。

　それでは、「何もしなかった場合→賃貸用ワンルームマンションを購入し相続した場合→賃貸用ワンルームマンションを購入し相続時精算課税による生前贈与した場合」と順次相続税シミュレーションで検証してみます。

　なお、計算の流れは第2章①（4）及び③を参照してください。

①　何もしないで金融資産のままだったら

【前提条件】

　相続人……4名（配偶者及び子供3名）

　相続財産…金融資産3億円・自宅1億円（小規模宅地等の特例の適用後
　　　　　　　2,000万円）

　取得財産…配偶者（自宅2,000万円）、子供3人（金融資産3億円）

　図表66のとおり、課税遺産総額は、2,000万円＋30,000万円－5,400万円（基礎控除）で26,600万円となります。

110

第4章 「相続時精算課税制度」と「ワンルームマンション」が超速で360°の相続対策を可能にする！

図表66 ①シミュレーション：何もしないで金融資産のままだったら

```
（相続時試算）
    2,000万円    （自宅　配偶者が取得）
   30,000万円    （金融資産　子供3人が取得）
△   5,400万円    （基礎控除）
差引26,600万円
（1）配偶者
1．26,600万円×2分の1×40％－1,700万円＝3,620万円
（2）子供3人
1．26,600万円×2分の1×20％－600万円＝2,060万円
（3）相続税額
配偶者　（（1）+（2））×6.25％（取得割合）＝355万円
子供3人（（1）+（2））×93.75％（取得割合）＝5,325万円
相続税納税額5,325万円（配偶者税額軽減適用後）
```

出所：中央綜合税理士法人／株式会社中央綜合ビジネスコンサルティング

　相続税の総額は、配偶者が 26,600 万円× 1/2 × 40％ − 1,700 万円で 3,620 万円、子供 3 人が 26,600 万円× 1/2 × 20％ − 600 万円で 2,060 万円となり、合計すると 5,680 万円となります。

　相続税額は、配偶者が 5,680 万円× 6.25％（取得割合）で 355 万円となり、子供 3 人が 5,680 万円× 93.75％（取得割合）で 5,325 万円となります。

　ただし、配偶者は「配偶者の税額軽減」がありますので、納付税額はゼロとなり納付税額合計は 5,325 万円となります。

②　金融資産で賃貸用ワンルームマンションを購入し相続したら

【前提条件】

　相続人……4 名（配偶者及び子供 3 名）

　相続財産…金融資産 1 億 5 千万円・自宅 1 億円（小規模宅地等の特例の
　　　　　　適用後 2,000 万円）・賃貸用ワンルームマンション 1 億 5 千万

111

円（マンション1部屋あたり2,500万円×6部屋）、通常の賃貸
用不動産相続税評価で1部屋あたり875万円（小規模宅地等
の特例の適用有、評価圧縮率35％）

取得財産…配偶者（自宅2,000万円）、子供3人（金融資産1億5千万円・
賃貸用ワンルームマンション875万円×6部屋[注1]・家賃蓄積分
1,160万円×6部屋[注2]）

（注1）賃貸用ワンルームマンションは子供3人が2部屋ずつ取得

（注2）賃貸用ワンルームマンション購入後、相続開始まで10年間を想定、各
部屋から生ずる年間賃料×10年で子供3人が取得

図表67 ②シミュレーション：金融資産で賃貸用ワンルームマンションを購
　　　　入し相続したら

（相続時試算）
　　　875万円×6（賃貸用不動産　子供3人が2部屋ずつ取得））
　　　1,160万円×6（各部屋から生ずる年間賃料×10年間を想定　子供3人が取得）
　　　2,000万円　　（自宅　配偶者が取得）
　　　15,000万円　（金融資産　子供3人が取得）
△　　5,400万円　（基礎控除）
差引23,810万円
（1）配偶者
23,810万円×2分の1×40％−1,700万円＝3,062万円
（2）子供3人
23,810万円×2分の1×20％−600万円＝1,781万円
（3）相続税額
配偶者（(1)+(2)）×6.84％（取得割合）＝331万円
子供3人（(1)+(2)）×93.16％（取得割合）＝4,511万円
相続税納税額4,511万円（配偶者税額軽減適用後）

出所：中央綜合税理士法人／株式会社中央綜合ビジネスコンサルティング

第4章 「相続時精算課税制度」と「ワンルームマンション」が超速で360°の相続対策を可能にする！

図表67のとおり、課税遺産総額は、875万円×6＋1,160万円×6＋2,000万円＋15,000万円－5,400万円（基礎控除）で23,810万円となります。

相続税の総額は、配偶者が23,810万円×1/2×40％－1,700万円で3,062万円、子供3人が23,810万円×1/2×20％－600万円で1,781万円となり、合計すると4,843万円となります。

相続税額は、配偶者が4,843万円×6.84％（取得割合）で331万円となり、子供3人が4,843万円×93.16％（取得割合）で4,511万円となります。

ただし、配偶者は「配偶者の税額軽減」がありますので、納付税額はゼロとなり納付税額合計は4,511万円と減少しました。

③ 賃貸用ワンルームマンションを購入し相続時精算課税による生前贈与で名札を付ける

このシミュレーションが、相続時精算課税制度を利用した生前贈与の手法となりますが、具体的な段取りとしては次のようになります。

まず、被相続人名義でワンルームマンションの同一フロアを相続人分購入し、賃貸物件として所有します。その次に、相続時精算課税を用いて相続人分の賃貸物件をそれぞれ将来の相続人に生前贈与するとの流れとなります。

ワンルームマンションの同一フロアを相続人分購入することが、実は争族対策のベターな手法となるのです。

物件の購入額がほぼ同じでも、立地条件や築年数など様々な条件により賃料は多少なりとも差が出てきます。

たとえば、少額の差なら問題ないのですが、大きな差が生じる結果となってしまった場合には、将来の争族の種となるかもしれません。

そこで、同じワンルームマンション内の同一フロアの購入をご紹介するのは、ほとんどの場合、賃料に差が生じないからです。

113

【前提条件】

相続人…………… 4名（配偶者及び子供3名）

相続財産………… 金融資産1億5千万円・自宅1億円（小規模宅地等の特例の適用後2,000万円）・賃貸用ワンルームマンション1億5千万円（マンション1部屋あたり2,500万円×6部屋）、相続時精算課税適用時評価で1部屋あたり1,250万円（小規模宅地等の特例は適用不可、評価圧縮率50％）

贈与時取得財産…子供3人（賃貸用ワンルームマンション1,250万円×6部屋[注]）

相続時取得財産…配偶者（自宅2,000万円）、子供3人（金融資産1億5千万円・賃貸用ワンルームマンション1,250万円×6部屋[注]）

（注）賃貸用ワンルームマンションは子供3人が2部屋ずつ取得

　図表68のとおり、相続時精算課税を活用した生前贈与時ですが、相続時精算課税に係る特別控除額は1人当たり2,500万円です。本事例の場合、賃貸用ワンルームマンションの相続時精算課税適用時評価は1部屋当り1,250万円となりますので、1人当たり2部屋であれば贈与税はかかりません。

　次に相続時ですが、課税遺産総額は、1,250万円（相続時精算課税適用時評価）×6＋2,000万円＋15,000万円−5,400万円（基礎控除）で19,100万円となります。

　相続税の総額は、配偶者が19,100万円×1/2×30％−700万円で2,165万円、子供3人が19,100万円×1/2×20％−600万円で1,310万円となり、合計すると3,475万円となります。

　相続税額は、配偶者が3,475万円×8.16％（取得割合）で283万円となり、

第4章 「相続時精算課税制度」と「ワンルームマンション」が超速で360°の相続対策を可能にする！

図表68 ③シミュレーション：賃貸用ワンルームマンションを購入し相続時精算課税による生前贈与で名札を付ける

（相続時精算課税適用時試算）
　　1,250万円×6（マンション　子供3人が2部屋ずつ取得）注1
△　7,500万円　（特別控除）注2
差引　　　0円

（注1）評価は相続時精算課税適用時評価
（注2）相続時精算課税に係る特別控除額
一人当たり2,500万円×子供3人

（相続時試算）
　　1,250万円×6（賃貸用不動産　子供3人が2部屋ずつ取得）注
　　2,000万円　（自宅　配偶者が取得）
　　15,000万円　（金融資産　子供3人が取得）
△　5,400万円　（基礎控除）
差引19,100万円
（1）配偶者
19,100万円×2分の1×30％−700万円＝2,165万円
（2）子供3人
19,100万円×2分の1×20％−600万円＝1,310万円
（3）相続税額
配偶者　（（1）+（2））×8.16％（取得割合）＝283万円
子供3人（（1）+（2））×91.84％（取得割合）＝3,191万円
相続税納税額3,191万円（配偶者税額軽減適用後）
（注）評価は相続時精算課税適用時評価

出所：中央綜合税理士法人／株式会社中央綜合ビジネスコンサルティング

　子供3人が3,475万円×91.84％（取得割合）で3,191万円となります。

　ただし、配偶者は「配偶者の税額軽減」がありますので、納付税額はゼロとなり納付税額合計は3,191万円となります。

　賃貸用ワンルームマンションを購入し相続時精算課税制度を活用し生前

115

図表 69　相続時精算課税制度の活用効果

		贈与税	相続税	合計
①	ケース1　相続対策なし	0万円	5,325万円	5,325万円
②	ケース2　相続対策あり （賃貸物件購入のみ）	0万円	4,511万円	4,511万円
③	ケース3　相続対策あり （賃貸物件購入+生前贈与）	0万円	3,191万円	3,191万円（注）

（注）生前贈与に伴い受贈者側に不動産取得税が掛かりますが、移転後の賃貸用不動産から生ずる賃料により十分吸収が可能です

出所：中央綜合税理士法人／株式会社中央綜合ビジネスコンサルティング

　贈与することにより、相続税納付税額は 4,511 万円（購入のみ）から 3,191 万円と減少しました（図表 69 参照）。

　以上のように、相続時精算課税を活用し生前贈与を行うと、贈与財産は将来の相続財産として再考慮されます。しかし、生前贈与を行ったことで不動産から生ずる賃料（②の前提条件：家賃蓄積分 1,160 万円 × 6 部屋）は将来の相続人に移転しているため、被相続人の財産を積み上げせず、結果的に将来の相続財産は減少し大幅な節税効果が生まれます。

　また、相続時精算課税を活用し生前贈与を行うと、不動産から生ずる賃料（②の前提条件：家賃蓄積分 1,160 万円 × 6 部屋）は、将来の相続人に移転しているため、相続時の納税資金の確保や財産形成が早期に図れ、今後の資金面の安定化を図ることができます。

　さらに、相続時精算課税を活用し生前贈与を行うと、将来の相続まで財産を持ち越さないため、財産分与がよりスムーズに行えることで争族対策にもなります。

116

第4章 「相続時精算課税制度」と「ワンルームマンション」が超速で360°の相続対策を可能にする！

　なお、生前贈与に伴い受贈者側に不動産取得税が掛かりますが、移転後の賃貸用ワンルームマンションから生ずる賃料により十分吸収が可能です。

　この手法のメリットをまとめると次のようになります。

イ．相続時精算課税制度を適用することにより、一度にまとまった相続財産を生前に贈与して争族を回避しながら、不動産移転時の贈与税を回避できること。

ロ．相続時精算課税制度を適用した財産は他の相続財産と合算されるが、賃貸用ワンルームマンションから得られる賃貸収入は既に相続人に移転していることから、トータルで見た税金は圧縮できること。

ハ．賃貸用ワンルームマンションから得られる賃貸収入を将来の相続人に早期に移転させることにより、被相続人の相続財産の圧縮及び相続人の納税資金の確保や早期の財産形成が可能となること。

　このようなメリットから、「相続時精算課税制度」と「ワンルームマンション」が超速で360°の相続対策を可能にすると言えます。

　具体的に検討する場合は、専門的な税務の知識と優良物件選びが重要になりますので、相続税が専門の税理士とワンルームマンション専門の不動産販売会社に相談することをお勧めします。

　なお、私の顧問契約先の株式会社PIMのように、相続税が専門の税理士とワンルームマンションが専門の不動産販売会社が相続対策で提携しているケースもありますので、ワンストップで相談することもできます。

117

第5章

「行き過ぎた」節税対策はご法度

① 著しく不適当と国税庁が判断すれば 否認されるリスク

　第3章①（3）で説明したように、タワーマンションの価格は上層階にゆくほど値上がりする傾向にあります。しかし、相続税評価額は、上層階でも下層階でも広さが同じであれば同額となります。そのため、タワーマンションの高層階になるほど実勢価額との価格差が大きくなることを利用し、富裕層が相続対策としてタワーマンションを購入するケースが増えていました。そして、相続後、すぐに売却して現金化するケースも出てきました。

　国税庁は2015年11月に、このような行き過ぎた節税が増えている事に歯止めをかけようと、全国の国税局に対して監視強化するよう指示を出したとされています。

　内容としては、「実質的な租税負担の公平の観点から看過しがたい事態がある場合は、財産評価基本通達6項を適用する」ということです。「財産評価基本通達6項」とは、以下のような通達です。

「この通達の定めによって評価することが著しく不適当と認められる財産の価額は、国税庁長官の指示を受けて評価する。」

　つまり、財産評価基本通達に定められた方法によって、タワーマンションを評価しても、それが著しく不適当と判断されれば否認するということです。

　それでは次節において、著しく不適当と判断されマンションの相続税評価額の減額が否認された事例を紹介します。

第5章 「行き過ぎた」節税対策はご法度

② 事例に学ぶ

2011年7月1日の東京国税不服審判所の裁決において、著しく不適当と判断されタワーマンションの相続税評価額の減額が否認された事例です。

本事例は非公表裁決ですが、「国税不服審判所　裁決要旨検索システム」から裁決要旨を検索することができます。以下は、裁決要旨を抜粋したものとなります。

「請求人は、本件不動産を評価するに際し、財産評価基本通達により難い特別の事情はない旨主張する。しかしながら、請求人は、本件不動産の購入価額と本件不動産の相続税評価額との差額が多額であることを認識しながら、当該差額について、本件相続税の課税価格を圧縮し相続税の負担を回避するために、○○に罹患し、自己の行為の結果を認識するに足る能力を欠いていた本件被相続人の名義を無断で使用し、本件不動産の売買契約に及んだことは優に認めることができる。そして、このような場合に、財産評価基本通達に基づき本件不動産を評価することは、相続開始日前後の短期間に一時的に財産の所有形態が不動産であったにすぎない財産について実際の価値とは大きく乖離して過少に財産を評価することとなり、納税者間の実質的な租税負担の平等を害することとなるから、本件の場合、同通達によらないことが正当として是認されるような特別な事情があるというべきである。」

裁決要旨ですので詳細は記載されていませんが、まとめると次のようになります（図表70参照）。

121

図表70　否認事例の経緯

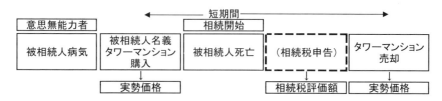

① 被相続人は病気し意思無能力者。
② 意思無能力者である被相続人の名義を無断で使用し、タワーマンションを購入。
③ 被相続人死亡（相続開始）。
④ 相続人がタワーマンションを売却。
⑤ ②～④の財産の所有形態が不動産であった期間は、③前後の短期間で一時的にすぎない。
⑥ 実際の価値とは大きく乖離しており、財産評価基本通達による評価としない。

　上記のような節税行為が、「行き過ぎた」節税とみなされて否認される可能性があるということになります。しかし、現時点ではどのようなケースが「行き過ぎ」とみなされるかの判断基準が明らかにされていません。

　本事例は、過程における種々の行為から総合的に判断し否認されたのかもしれません。しかし、事例のように、あからさまに相続開始後すぐに売却するようなことがあれば、多少なりともマークされる可能性があることに留意しておく必要があります。

　第3章③（1）③実質利益シミュレーションを再度見ていただくと、コツコツと実質利益が積み上がってゆきますので、早めに購入し長期にわたり所有し続けるメリットに目を向けることも重要であると思われます。

　確かに事例のように、相続開始直前直後の購入・売却や居住の実態がないなど、相続評価額の引き下げのみを目的にしたような不動産購入は、調査されたという事実はあります。しかし、中長期の財産運用を目的として不動産を購入するのであれば、一般的な貸家事業の承継であり特に問題はないと考えられます。

　このような様々な側面からも、自分だけの判断とせず相続税が専門の税

第5章 「行き過ぎた」節税対策はご法度

理士と相談することをお勧めします。

第6章

ワンルームマンションへの組み替えで裾野が広がる相続対策

第4章②にて、「相続時精算課税制度」と「ワンルームマンション」を組み合わせた相続対策の手法の一例を紹介させていただきました。
　付け加えて、早めにワンルームマンションに組み替えておけば、生き方に応じた様々な手法の選択が可能となります。

1　生き方次第でハイブリッド活用も

　例えば、金融資産、ビル等の資産を所有しており、将来的に数千万の納税が必要な子供3人がいたとします。そこで現金6,000万円をワンルームマンション3戸に組み替えたとします（図表71）。

図表71　金融資産からワンルームマンションに組み替え

出所：株式会社PIM

第6章　ワンルームマンションへの組み替えで裾野が広がる相続対策

　これで、相続税評価額は70％減額となり約1,800万円となります。さらに、年間手取家賃が約270万円（1戸から得られる年間家賃約90万円）の収入が入ってくる見込みとなりました。

　この条件でＡさんならば、「3人の子供に、1戸から得られる年間家賃約90万円全額を、それぞれ贈与（年間非課税内／110万円）することで納税資金の準備に充てつつ、相続時にはワンルームマンション3戸を1戸ずつ3人の子供に相続させよう」と考えました。

　Ｂさんならば、「子供世代はそれぞれ独立し順風な生活を送っています。そこで当面の間、まだまだ元気な親世代夫婦は、家賃収入を、旅行したり趣味に使ったり等のゆとり資金に回すことにし、その後、時機を見て子供世代に相続時精算課税制度を使って3人の子供に1戸ずつ移したい」と考えました。

　また、ＡさんＢさんのハイブリッド形で、最初は資金の動きを見ながら暦年贈与を活用し、時機を見て相続時精算課税制度に切り替え、3人の子供に1戸ずつ移す手法も考えられます。

② アパートからワンルームマンションに進化させる

　評価が下がりにくい金融資産の組み替えを中心に話を進めてきましたが、アパートからワンルームマンションに組み替えることも充分にメリットのある手法です。

　例えば、図表72のように、古く収益力の低下したアパートから、相続人数分の立地条件の良いワンルームマンションへ組み替えます。その結果、修繕リスクを回避し、空室や家賃の下落も少なく、安定的な収益事業を継続できます。

127

図表72 古いアパートからワンルームマンションに組み替え

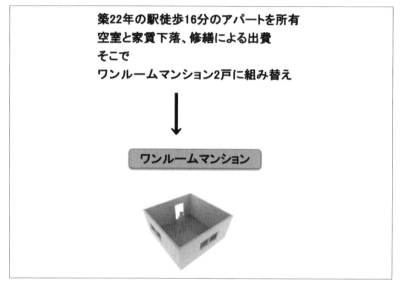

出所：株式会社PIM

　また、相続人数分を購入してあることで、遺産分割時のトラブル回避ができ、争族対策もメリットとして追加されます。
　この組み替えという手法は、既に建っているアパートだけではなく、更地にも同じことが言えます。
　先祖代々からの土地は、簡単に売却する決心がつかないのはもっともなことです。しかし評価の引下げのみを目的としたアパートの建設に目を向けるだけでなく、争族対策も可能となるワンルームマンションへの組み替えを検討することも必要です。

第6章　ワンルームマンションへの組み替えで裾野が広がる相続対策

③ 最後にまとめとして

　ここまで、相続税改正の影響による現状にはじまり、相続対策の具体的な手法について書き進めてきました。

　途中、なぜそうなるのかを理解していただきたいため、細かなシミュレーションを用いてまいりました。

　そのため、お伝えしたかった全体像が多少ぼやけてきている懸念がありますので、簡潔に全体の流れをおさらいしてみたいと思います。

① 　相続税改正の影響で課税対象者の増加と相続財産中の金融資産の構成比が増加した。

② 　遺産分割調停事件が年々増加してきており、「争族対策」を念頭に置いた「相続対策」をすることが大切である。

③ 　基礎控除額が4割縮小し、相続税が身近な問題となった。

④ 　相続税の最高税率が50％から55％へと引き上げられ、税率段階が6から8段階へと細分化された。

⑤ 　二次相続時は、非課税枠が減り一次相続時よりも相続税の負担が重くなるケースが多い。そのため、一次相続のときに、二次相続のことも視野に入れた対策が必要である。

⑥ 　相続対策では、相続税の対象となる財産・相続税がかからない財産、相続財産の評価方法、相続税の計算の全体像を知っておく必要がある。

⑦ 　相続開始後の各種手続きの手順と期限を、おおまかに把握しておく必要がある。

⑧ 　特例等の非課税・控除枠を活用した節税スキームもあるが、相続対策期間、家族イベント上のタイミング、相続人の人数などを考慮すれば、思っていたほど節税効果が得られるものではない。

129

⑨　金融資産→不動産→貸家事業＝評価減となる仕組みと小規模宅地等の特例でさらに評価減となる。

⑩　賢い相続対策＝「相続対策で必要な資産特性」を「バランスよく持ち合わせた不動産」の活用である（「相続対策で必要な資産特性」＝①相続税評価額の圧縮率が高いこと＋②流動性・換金性が高いこと＋③平等に分割しやすいこと＋④相続対策後も低リスクで安定収入を得ることができること）。

⑪　相続対策で必要な資産特性をバランスよく持ち合わせた不動産は、東京23区内のワンルームマンションである。つまり、相続対策を効果的に実現する最適な不動産は、東京23区内のワンルームマンションである（比較した不動産＝アパート・タワーマンション・1棟マンション・ファミリー向けマンション・区分所有オフィス・任意組合型不動産小口証券化商品）。

⑫　東京の単身世帯数の増加、首都圏のインフラ整備・東京の特区・大学や企業の一極集中・外国人留学生の増加、ワンルームマンション規制等の要因から、東京23区内のワンルームマンションの賃貸需要は将来的にも高まるものと考えられる。

⑬　東京23区内のワンルームマンションだからよいわけではなく、実際にそこで生活してゆく入居者の気持ちになって、立地条件を重視して物件を選ぶことが重要である。

⑭　築年数経過ごとの実質利益シミュレーションでは、東京23区内のワンルームマンションは、賃料収入が価格・賃料の下落をカバーして、利益を確保できる結果となった。

⑮　賃貸用ワンルームマンションを購入し、相続時精算課税による生前贈与を実施し名札を付けることで、効果的な相続対策と争族対策が可能となる。

第6章　ワンルームマンションへの組み替えで裾野が広がる相続対策

⑯　行き過ぎた節税は、国税庁が著しく不適当と判断し否認されるリスクがある。

⑰　早めにワンルームマンションに組み替えておけば、生き方に応じた相続対策の裾野が広がる。

⑱　収益力の低い不動産や分割し難い不動産を、ワンルームマンションに組み替えることで問題を解決できる。

　最後になりますが、相続はいつ発生するか誰にもわかりません。そして、人の生死に関わることなので、センシティブな話題となることから家族で話し合いが行われていないのが現状ではないでしょうか。

　平均寿命も過去最高を更新しているわけで、子供世代である自分自身の相続対策が必要な年齢なのに、親世代が健在であるケースも多いと思います。そのような状況であれば、気にはなっていてもなんとなく無対策状態のままというのも少なくはないと推測されます。

　まずは、家族内で相続に関する最初の一歩を踏み出すことが重要となります。様々な家庭事情もあるでしょうが、例えば、「将来的なことを考え、余裕資金でワンルームマンションを購入し収益事業を始めたらどうか……」等とのポジティブな切り口で、最初の一歩を踏み出すこともよいのではないでしょうか。

おわりに

　本書を読んでいただき、「なるほど、東京23区内のワンルームマンションか！」と気付かれた方も意外に多いのではないでしょうか。お住まいが東京から離れた地方となれば、尚更と推し測るところです。

　そもそも、相続税の課税対象者が広範囲に急増している現状下、相続税に慣れた家庭の方はともかく、相続対策について明るい方はそれほど多いとは思えません。

　本書を執筆するに至った理由は、少しでも多くの方に相続対策の選択肢として、「良いもの」であれば知識として知ってもらいたいと思ったからです。

　私は、不動産業界人ではありません。逆に、中立的な立場であればこそ率直に伝えられると思った次第です。

　本書を執筆するにあたり、税務分野では中央綜合税理士法人・株式会社中央綜合ビジネスコンサルティング、不動産分野では株式会社 PIM に多大なるご協力を頂きました。この場を借りてお礼申し上げます。

＜巻末資料＞

中央綜合税理士法人
株式会社中央綜合ビジネスコンサルティング　　　著

（注１）法定相続人の解説

・法定相続人の順位と範囲

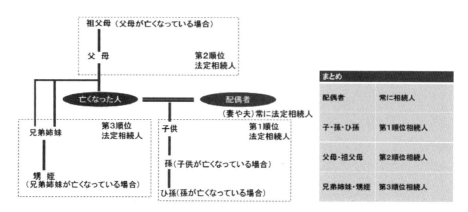

（注２）配偶者の税額軽減の解説

・具体的な計算方法及び内容

配偶者の課税価格が1億6千万円までか、課税価格が1億6千万円を超えても法定相続分までは相続税が掛からない。

A 配偶者の法定相続分
（ただし、法定相続分が1億6,000万円未満の場合1億6,000万円）
B 配偶者の課税価格（配偶者が相続する財産）

巻末資料

（注３）小規模宅地等の特例（特定居住用宅地の特例）の解説

・ 相続開始の直前において、被相続人が居住していた宅地のうち、330㎡
　までの部分について、その宅地等の評価額を 80％減額できる規定

＜取得者別の要件＞

相続する人	取得者毎の要件
・被相続人の配偶者	要件なし
・被相続人と同居していた親族	相続開始の時から相続税の申告期限まで、引き続きその家屋に居住し、かつその宅地等を相続税の申告期限まで有している人
・被相続人と同居していない親族	1　被相続人に配偶者及び同居の親族がいないこと 2　相続開始時から相続税申告期限までその宅地等を所有し続けていること 3　相続開始前3年以内に国内にある次に掲げる者が所有する家屋に居住したことがないこと （1）自己または自己の配偶者 （2）3親等内の親族 （3）特別の関係のある法人 4　相続開始時に居住していた家屋を過去に所有したことがないこと

137

（注４）相続開始前３年以内の贈与の解説

・亡くなる日前３年以内に贈与を受けた財産について適用される規定

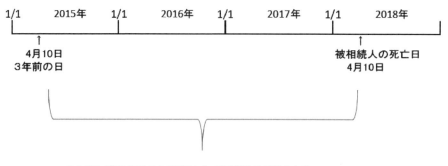

（注５）相続時精算課税制度の解説

- 生前贈与の１つ
- 一生のうち2,500万円まで非課税で、2,500万円を超える場合、その超える部分に20％の贈与税が課される
- 贈与者要件（渡す側）

　その年の１月１日時点において65歳以上の父母（または祖父母）
- 受贈者要件（もらう側）

　その年の１月１日時点においてその贈与者の推定相続人である20歳以上の子または孫（贈与により財産を取得した受贈者が贈与者ごとに行う）
- 相続税精算課税制度を使って生前贈与した財産は相続税の計算においては相続財産として再考慮

巻末資料

＜ケース１＞
　受贈者が贈与者ごとに行うことから、各々につき最大で2,500万円を相続時精算課税制度を適用して贈与することも可

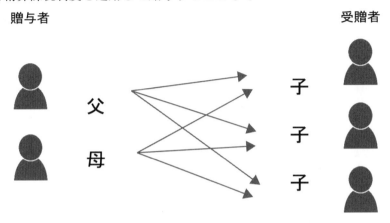

＜ケース２＞
　相続時精算課税制度を用いて生前贈与した財産は相続段階で再度相続財産を構成する点に注意

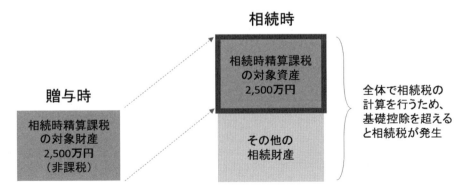

(注6) 課税遺産総額（相続税がかかる部分）を適正に圧縮するとは

・財産が大きければその分相続税がかかる対象部分は増えるため、財産をできる限り評価の下がりやすい財産に置き換えることによって相続税がかかる部分を減らしてくこと

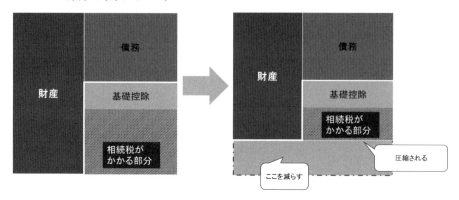

(注7) 110万円の基礎控除（暦年贈与制度）を使った生前贈与対策についての解説

　将来の相続税の税率が高くなることが予想される場合、将来の相続税の税率以下の税率に抑える形での贈与を行うことは有効であるため、まずは、将来想定されるであろう相続税の実効税率（相続財産に占める相続税の総額）を把握することが生前贈与を行う上でのプランニングとして重要

巻末資料

（注8）相続時精算課税制度と住宅取得等資金制度を併用した場合についての解説

・ 相続時精算課税制度と住宅取得等資金制度と暦年贈与の３つを同時に使うことはできないので注意

相続時精算課税制度と住宅取得等資金制度を併用した場合			
ケース1	住宅取得等資金の非課税制度 最大で1,200万円まで非課税	相続時精算課税制度 2,500万円まで非課税	最大で3,700万円までの贈与が非課税
ケース2	住宅取得等資金の非課税制度 最大で1,200万円まで非課税	暦年贈与制度 110万円まで非課税	最大で1,310万円までの贈与が非課税
ケース3 （住宅取得資金との併用ではない）	相続時精算課税制度 2,500万円まで非課税	暦年贈与制度 110万円まで非課税	最大で2,610万円までの贈与が非課税

（注9）死亡保険金に係る税金についての解説

・非課税枠が生じるのは１パターンのみ

死亡保険金に係る税金関係			
契約者	被保険者	受取人	課税関係
被相続人A	被相続人A	相続人BまたはC	相続税の課税対象 （ただし500万円×法定相続人までは非課税）
被相続人A	被相続人A	相続人でないD	相続税の課税対象 （非課税の規定なし）
相続人B	被相続人A	相続人B	所得税・住民税の課税対象 （Bに課税）
相続人B	被相続人A	相続人C	贈与税の課税対象 （BからCへの贈与としてCに贈与税課税）

┌─────────────────┐
│ 非課税枠があるケース │
└─────────────────┘

141

（注 10） 小規模宅地の特例の改正についての解説

・2018 年 4 月 1 日以後の相続開始案件から適用

＜ケース 1 ＞ 2018 年 3 月 31 日までに貸付事業の用に供されていた場合
　改正の適用日である 4 月 1 日より前であるため、相続開始前 3 年を超えて貸付事業の用に供していなかったとしても適用は受けられる

＜ケース 2 ＞事業的規模ではない貸付事業を行っていた場合
　相続開始前 3 年超 – 事業的規模でなくても適用あり
　相続開始前 3 年以内 – 適用なし

＜ケース 3 ＞事業的規模で貸付事業を行っていた場合
　相続開始前 3 年超 – 適用あり
　相続開始前 3 年以内 – 事業的規模で貸付事業を相続開始前 3 年超行っている場合で、新たに相続開始前 3 年以内に貸付事業の用に供したものは適用あり

ケース別小規模宅地の特例適用可否（貸付事業用宅地）		
	貸付事業供用日が 相続開始前3年以内	貸付事業供用日が 相続開始前3年超
事業的規模 （2018.4.1以降事業供用の場合）	適用あり （事業的規模での貸付事業が3年を超えている場合） 適用なし(注) （事業的規模での貸付事業が3年を超えていない場合）	適用あり
事業的規模でない （2018.4.1以降事業供用の場合）	適用なし(注)	適用あり

（注）2018.3.31 以前に事業供用された宅地については適用あり

執筆者紹介

編者

株式会社 PIM

　2001 年東京都世田谷区梅丘 1-24-12 で設立。資産形成に適したワンルームマンションの販売と賃貸管理のプロフェッショナル集団。創業以来、東京都内でも人気の高い地区のみにターゲットを絞り事業を展開。オーナー様の「不動産という資産を通じて、より豊かな暮らし」を実現するために、「営業本部」、「管理本部」、「リーシング事業本部」、「開発事業本部」、「コンサルティング事業本部」「法務管理室」の精鋭による 6 つの専門部署を設置し、資産形成を幅広くサポート。2017 年 3 月中央綜合グループと業務提携し、相続対策のコンサルティング業務を強化。2018 年 5 月現在、オーナー数は約 1,640 名、賃貸管理戸数は約 2,800 戸で入居率 98.8％。

```
お問い合わせ
東京都渋谷区渋谷 1-2-5 MFPR 渋谷ビル 4 階
(03)5468-5777（代表）　www.property-im.com
```

著者

＜本編＞

久保嘉男

　株式会社久保総合マネジメント代表取締役。株式会社 PIM 顧問。新潟県出身。明治大学卒業後、新潟を地盤とする第四銀行に入行。同行金融サービス部所属時には、課題解決型営業の推進企画を担当、支店長歴任中は課題解決型営業を実践し相続対策にも複数関与。同行退職後、2016 年株式会社久保総合マネジメントを設立。株式会社 PIM とのアライアンスにおいて同社顧問となる。相続対策における現状の課題と銀行支店長の現場目線を同化し、ワンルームマンションを活用した相続税対策を紹介すべく本書執筆に至る。

＜巻末資料＞

中央綜合グループ

中央綜合税理士法人／株式会社中央綜合ビジネスコンサルティング

　創業 1984 年、設立 2003 年、総勢 50 名のメンバーによる税務・財務・金融に関するプロフェッショナル集団です。当グループの持っている知的財産を、お客さま（クライアント）の利益のために提供・貢献すべく日々邁進しております。

＜本編執筆協力＞

近藤讓

　株式会社 PIM マンション経営アドバイザー、マンション経営セミナー講師。

貝沼克巳

　株式会社 PIM マンション経営アドバイザー。

梅田祐輔

　株式会社 PIM マンション経営アドバイザー。

相続大増税時代・対策の決め手

～相続対策で選ばれる不動産とは～

〈検印省略〉

2018 年 8 月 20 日　初版発行
1 刷　2018 年 8 月 20 日

編　者	株式会社 PIM
	久保嘉男
著　者	中央綜合税理士法人
	株式会社中央綜合ビジネスコンサルティング
発行者	星野広友

発行所　**㈱銀行研修社**

東京都豊島区北大塚 3 丁目 10 番 5 号
電話　東京　03（3949）4101（代表）
郵便番号 170-8460
振替　00120-4-8604 番

印刷／神谷印刷株式会社
製本／常川製本株式会社　　　　　　　　ISBN978-4-7657-4577-2　C2033
落丁・乱丁本はおとりかえ致します。
2018© 株式会社 PIM ／久保嘉男／中央綜合税理士法人・株式会社中央綜合ビ
ジネスコンサルティング printed in Japan　　無断複写複製を禁じます。
★定価はカバーに表示してあります。

謹告　本書掲載記事の全部または一部の複写、複製、
転記載および磁器または光記録媒体への入力等は法律
で禁じられています。これらの許諾については弊社・
秘書室（TEL03-3949-4150 直通）までご照会下さい。